发现孩子：早期教育释疑

0~6岁儿童养育专家全知道

科学高效的养育方法
知名专家的教养指南

[日]无藤隆/著　胡学亮　张梅/译

北京理工大学出版社
BEIJING INSTITUTE OF TECHNOLOGY PRESS

图书在版编目（CIP）数据

发现孩子：早期教育释疑 /（日）无藤隆著；胡学亮，张梅译. —北京：北京理工大学出版社，2016. 1

ISBN 978 - 7 - 5682 - 1518 - 3

Ⅰ. ①发…　Ⅱ. ①无…　②胡…　③张…　Ⅲ. ①早期教育　Ⅳ. ①G61

中国版本图书馆CIP数据核字（2015）第273343号

著作权合同登记号：01-2015-7426

出版发行 / 北京理工大学出版社有限责任公司
社　　址 / 北京市海淀区中关村南大街5号
邮　　编 / 100081
电　　话 /（010）68914775（总编室）
（010）82562903（教材售后服务热线）
（010）68948351（其他图书服务热线）
网　　址 / http: //www. bitpress. com. cn
经　　销 / 全国各地新华书店
印　　刷 / 保定市中画美凯印刷有限公司
开　　本 / 710毫米 × 1000毫米　1 / 16
印　　张 / 15.5　　责任编辑 / 杨海莲
字　　数 / 155千字　　文案编辑 / 杨海莲
版　　次 / 2016年1月第1版　2016年1月第1次印刷　　责任校对 / 周瑞红
定　　价 / 35.00元　　责任印制 / 马振武

"0～6岁儿童养育专家全知道"丛书序

几年前，中国教育科学研究院研究员储朝晖出版他写的《中国幼儿教育忧思与行动》一书时，曾经他的导师郭齐家介绍，打电话要我写序，当时我以对幼儿教育的现状不了解为由推辞了。2012年6月，我又接到储朝晖的电话。原来是他收到徐勇给的《卢乐山口述历史》一书，看后又打电话告诉我，说他在筹备编写一套婴幼儿发展与教育丛书，其中还有一本我的朋友钱玲娟的书，希望我能为这套书写序。我盛情难再却，就答应了下来。

储朝晖30多年来一直作实地调查，对教育的实际情况很了解，对各地婴幼儿教育很热但又很功利的问题感到很担忧，对中国早期教育的专业水平还处在较低的阶段很着急，因而在内地、香港约集早期教育前沿的专业工作者编写"0～6岁儿童养育专家全知道"丛书，试图为早期教育注入理性的精神和科学的理念，这是一件十分有价值的事。

现在幼儿教育各方面的书多了，但是能理论结合实际的书还是很需要的。这套丛书以婴幼儿的生活和发展为关注点，既有国外比较成熟的早期教育论著翻译，又关注婴幼儿护理与习惯养成；既有久远传统的玩具的玩与学，又有幼儿心理与行为问题应对，还有亲子游戏这些富有生活趣味的内容。既有理论，又有实际，这是本套书的长处。

但需要对家长、老师们多说一句的是，书本只能谈到一般的规律，或者展现个别的经验。而每个孩子都是不一样的，他的遗传、环境、所接触的人各不相同，那么他的身心发展特点也一定因人而异。所以，我们在学习书本的时候，先要把理论学懂了，再结合其中的实际部分，看看人家为什么是这么实践的，想想我该怎么去实践；在具体实践的时候，我们要参考一般的规律，也要借鉴个别的经验，但是最重要的还是结合孩子的个别情况来灵活运用。总之，务必将书本消化了之后，再运用到自己身上，这是广大读者需要注意的。当然，这注定不是一件“小儿科”的事。

0～6岁婴幼儿发展是终身发展的基础，早期教育对人的成长发展具有极为关键性的作用，早期教育的重要性正在被越来越清晰地认识。卢梭讲：“天性为是。”相信本套丛书将高扬此幼儿教育真谛，引导越来越多的人走向科学、理性的育儿之路。

是为序。

卢乐山

2014年6月1日

前言

本书运用发展心理学的研究成果，分析应该如何看待和把握幼儿早期教育的问题。欲知本书要点，请先阅读第一章，由此您会了解全书的概要。您也可以挑选您感兴趣的章节阅读，当然如果您从第一章依次阅读至最后一章，那将更容易理解全书内容。另外，为了让没有发展心理学基础知识的人也能看懂本书，笔者在写作时也费了不少心思。

笔者不太赞同以私塾或幼儿学习班等学校教育形式将小学的学业提前到幼儿教育阶段学习，这样的幼儿早期教育不仅常常以牺牲儿童的学习欲望和情操为代价，而且让原本发展儿童智能的教育目标变得难以实现。一些幼儿早期教育机构即使在教授儿童学习计算方面取得了一定的成功，但计算能力在幼儿巨大的智能和儿童的持续成长过程中只是极小的一部分，因此这种成功实在微不足道。

虽说如此，笔者的主张还是与一些评论家的观点截然不同，笔者认为每天花费很短的时间进行早期教育，并不会对幼儿产生过多负面影响。一些儿童被逼成神经过敏，或许是由家长对儿童施加了过重压力和负担造成的，与其说是早期教育问题，不如说是家长心理问题。同时，当今是一个信息化时代，即使对幼儿不进行早期教育，孩子也会通过图画书或电视等媒介频繁接触早期教育方面的知识。即使在反对早期教育或对早期教育不感兴趣的人群里，认为连给幼儿读图画书都不行的人毕竟很少。实际上，给幼儿读图画书是教儿童识字、学会读书的最好方法。总之，上述情形虽然不属于早期教育，但可以让孩子很早就能接触各种信息，若想探讨早期教育与儿童成长发展的关系，就必须将图画书等媒介，日常生活、游戏玩要等儿童生活学习的整体状态对其成长发展所产生的影响放入视野中加以考察。

本书尽可能地参考了发展心理学的广泛研究成果，试图从幼儿期儿童整体发育成长角度分析探讨早期教育的问题。本书有个别之处看起来有脱离早期教育内容之嫌，但假如没有这样的基础观点而议论早期教育的功过是非，就会在研究时遗漏儿童成长中的一些根本问题。

前些日子和学生聊天，学生告诉我说："老师，我第一次学会正确使用筷子了。"这件事的起因是不久前在研究班成员的一次聚餐中，笔者看到一个学生握着筷子用餐，于是就告诉他正确使用筷子的方法（即用三根手指捏住上面的一根筷子）。学生回去后练习了一天就矫正过来了，而且用得还很好。他打电话向妈妈告知了此事，他妈妈说："大学老师竟然教这个，这都是我的家教不好。"总之，我所说的教训就是，有些事情等孩子长大之后再教，他们可能掌握得既快又好，教过幼儿使用筷子的父母可能会理解这一点，这对没有教好孩子的家长也是一个鼓励。当然学习者本人必须持有自觉意识和希望学好的强烈愿望，而且要让他们正确掌握要领。

对我来说，本书的问世远远超出了我个人在幼儿园教育实践和教育研究成果的展示，我想通过这本书激起人们对目前一些偏激的早期教育的警觉和关注，同时希望为处于困惑之中的家长提供建立在严谨的早期教育研究之上的建议和指导。

本书中有几个章节是我对期刊上发表过的论文进行修改、补充而写成的，感谢《季刊儿童学》（《季刊子ども学》）《家庭科教育》《幼儿园时报》（《幼稚園じほう》）《教育与信息》（《教育と情報》）《季刊芽》的编辑们。同时，书中所阐述的早期教育思想深受御茶水大学保育研究会每月一次的讨论会的启发，感谢研究会的所有成员，另外我还要深深感谢平日提供给我参观幼儿园机会的所有幼儿园教师们。

无藤隆

目 录

第1章　早期教育的盛行

时下，人们对该不该实施早期教育存在着激烈的争论，早期教育也是诸多媒体报道的热点问题。一些婴幼儿家长常为是否让孩子参加早教班或补习班而犹豫不决，也为是否为孩子购买高档学习教材而困惑烦恼。在选择幼儿园时，家长也在为选择重视超前教育的幼儿园还是选择以游戏活动为主的幼儿园而举棋不定。一方面他们希望孩子在幼儿期间能自由自在地成长，另一方面又担心孩子进入小学之后跟不上学习进度或学习成绩不如其他孩子。家长在观察孩子言谈举止时，时常感觉到自己孩子似乎很有天赋，从而又想是不是要尽快开发孩子的才能？最近电视台开始热衷报道“小学入学考试”问题①，这种想象或许只局限于东京、大阪、神户等大型都市的特定阶层（实际上日本全国充其量只有百分之几的孩子参与了小学入学考试），但这似乎让我们看到了以往那种无忧无虑、悠闲自在的幼儿教育正在成为历史。

幼儿到底该不该实施早期教育？为了从本质上理解此问题，本书试图从儿童发展理论观点对此进行考察和分析，从而提出婴幼儿时期教育的可能性和应有方式，建立对早期教育的正确认识。本书部分论述可能有转弯抹角之嫌（但笔者认为这正是本书最关键、重要的部分），所以本章首先对早期教育进行全面整理和概括并总结有关早期教育的大致结论和主张。

① 日本的公立小学实行的是按学区就近入学原则，即年满6周岁的儿童有义务到所在学区的小学就读，但一些私立学校或国立大学的附属小学打破就近入学原则，而是通过入学考试选拔儿童，这对幼儿教育造成了很多冲击。——译者注

1 早期教育的内涵

什么是早期教育？不同的人对此也许有截然不同的理解。比如，研究身障、智障儿童教育的特殊教育界，就主张对残疾儿童的教育应尽早开始。最近一些特殊教育研究的专家学者主张，如果在婴幼儿期发现儿童有智力障碍就应当不遗余力地对其尽早进行教育干预，这又被称为超早期教育。本书所研究的早期教育不涉及上述智障儿童的教育，而是把早期教育界定为使用类似小学甚至中学的教育方法、教育目标，有意图地对婴幼儿期儿童所实施的教育。

即便对早期教育进行上述界定，其内涵仍具有多义性，这里参考早期教育研究者沓泽糸的观点，对早期教育内涵进行以下梳理。

沓泽糸认为，教育者具有明确的发展儿童智力的意图而积极实施智力开发活动，并且该智力开发活动在一段时间内持续不断进行，这样的智力开发活动就称为智力教育。沓泽糸认为判断智力教育活动的标准主要有以下两点：

一是教育的内容问题，即教育内容是否适合幼儿期儿童心理发展特征？是否符合儿童当前的兴趣爱好？这里我们把它称之为“生活化”。

二是教育的方法问题，即教育者为儿童们编制的教育计划是否符合儿童兴趣？是否符合儿童的思维特征？因此判断一个活动是否是智力教育活动需要探讨教育者制订的教育计划。所谓教育计划就是具有明确的教育主题、教育目的，并为了解决这一教育主题、为了实现教育目标而对教育活动的方法及步骤进行周密设定的活动计划，它甚至包括实施这一计划时赋予了多大的强制力。也就是在判断智力教育时，需要分析教育计划的强制力程度和儿童在活动中拥有的自主性程度，并且还要对3岁之前和3岁之后的情况（这是划分婴儿期和幼儿期的一个最主要的年龄标准）分别进行评估。

另外，实施教育的场所和教育所进行的时间也可作为判断强制力大小的依据。例如，在家里、在儿童喜欢的时间里，家长和孩子一起进行的教育活动，与在教室里家长以外的成年人对儿童进行的教育活动，即使两者的教育内容相同但强制力大小却大不一样。

2. 幼儿智力教育的分类

这里我想参照图1–1对幼儿智力教育的几个不同类型进行分类和整理。幼儿智力教育有两种重要的不同表现形式：一是幼儿智力教育本身存在于不刻意追求的甚至是无意识的日常活动之中；二是刻意进行的有组织有意识的智力教育活动。另外，通常的幼儿教育中也有近似于早期教育的活动内容，但归根结底当今日本的幼儿园仍然是以“生活化”教育为活动主流。

◇（1）生活中的活动与教育

①生活中的平常活动

生活中的平常活动是指在以家庭为主的生活中，没有特殊教育意图的儿童们的自由活动。平常不计其数的日常活动都将成为孩子智力成长的基础。

②生活中的智力教育

生活中的智力教育指的是，家长或保育员利用日常生活中使用到的工具、器材或玩具，在适当的情形下有意图地对儿童进行的一种教育活动。比如家庭用餐时，让孩子根据家庭成员的数量摆放餐具，如果这一活动是大人有意识地启发、刺激儿童的话，那么它就具有浓厚的教育含义。

③生活化的智力教育

生活化的智力教育指的是，在日常生活中，家长借助新的教育媒体，有意图地对儿童实施的一种旨在促进儿童智力活动的教育。这种活动以儿童自发性、自主性为前提，通常借助智力玩具、图画书、儿童读物之类的教育媒体。

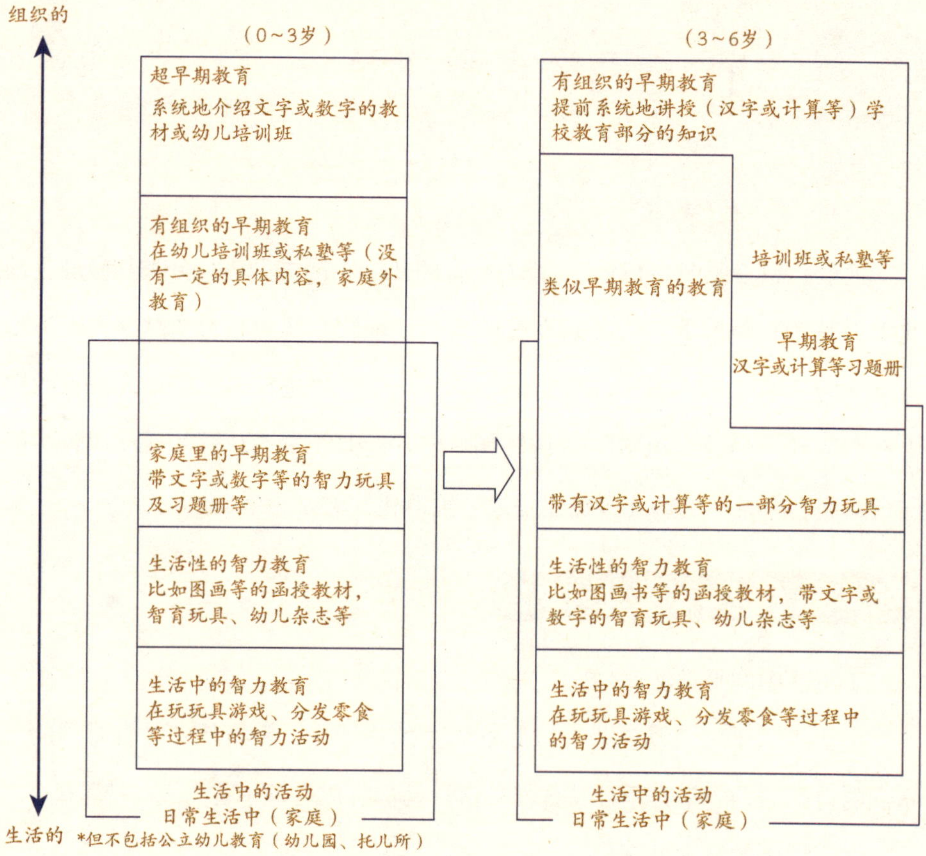

图1-1　早期教育的分类（杳泽，1996）

（2）组织性的教育

①早期教育

所谓早期教育，一般指的是以远离生活化教育内容为特征的、建立在明确的教育计划基础之上的、在教育者指导之下进行的教育。以智力开发为目的让婴幼儿提前开始使用类似学校教育的教材，或把婴幼儿送到类似学校教育的训练班或私塾等教育机构学习的教育活动都属于早期教育，尤其以语言文字或数字算术为中心的早期教育最为常见。

②准早期教育

准早期教育介于早期教育和生活化的智力教育之间，准早期教育在不同的家庭呈现出不同的活动方式和内容，但大多数家长借助具有算数或学习汉字等功能的智力玩具、练习册或学习游戏机等手段对孩子进行准早期教育。

3. 早期教育的类型及其有效性

虽然我们把某些教育活动都称为早期教育，但其教育内容形形色色、多种多样。有些早期教育近似于正式的学校教育，有些早期教育又类似于传统的稽古[①]。这么说来幼儿园原本也不只是让孩子任意玩耍的场所，它也是持有一定的教育目的，利用玩具或教材等手段，并在教师引导下开展活动的。但是幼儿园教育与所谓的早期教育之间有多大的差异呢？其实我们很难用某一标准将两者明确区分开来，有人认为在教育活动中是否注重儿童的能动性以及是否重视儿童之间的互动，是两者的分水岭，但这只是看问题的侧重点不同而已，实际上不少幼儿园采取了以教师为中心组织开展教育活动，这样的幼儿园教育也可以称其为一种早期教育。

如果幼儿园教育超出了它本来的以儿童为主体、以游戏为中心的公认范围，把一切对婴幼儿进行的有组织的教育活动都称为早期教育的话，那么不同类型的早期教育所表现出的教育形态也就大不相同。

本书随后章节将对早期教育的类型进行专门论述，这里先对几种早期教育的类型做一个概括性介绍。

---

① 在日本，“稽古”一般表示对日本传统艺术及武艺的修行及练习，如练习日本传统舞蹈、学习茶道、学习剑道等。——译者注

（1）胎教和婴儿期教育

在家庭里母亲有一个稳定的心情，在孩子出生后频繁顺利地与孩子互动，营造一个温馨的家庭氛围对婴儿成长非常重要，但这不是什么特殊教育，而是一个家庭应该具有的生活环境。超越了这样的家庭环境，并对婴儿进行有意图、有组织的特殊教育，是否更有利于婴儿的智力发展呢？据我所知还没有可以证明这一点的证据。正如本书相关章节所论述的那样，到目前为止还没有哪一项研究能确切证实让婴儿置身于一个特别优越的家庭环境，或对孩子进行某种特定的训练，能加快孩子的发育成长，或能让他们更早习得某一特殊技能。至于胎教的作用就更缺乏研究根据了。尽管一些研究证明即将临盆的胎儿能记忆母亲以及母亲周围的一些声音，出生之后该婴儿所表现出的一些行为也与他在胎儿期所记忆的内容有一定的相关性，但除此之外就没有任何证据能证明长期胎教对婴儿发育成长有什么显著效果。

（2）读写算教育

早期教育的一个典型形式是对儿童提前进行类似学校教育那样的正式教育。今天的日本已进入了一个高度信息化的社会，在这样的环境里，我们即使不特意教授儿童日语假名①，几乎所有的儿童在进入小学之前都自然而然地学会了每个假名的读音。即使是在算数方面，儿童在环境的熏陶之下自然而然习得了一定范围内的数字（如20以内）加减法的心算或掰指头计算。但是，诸如写字或笔算等技能，若不特意施加这方面的教育，儿童一般很难在生活中自然而然地习得，相反，若有组织、有目的地向儿童教授这方面的知识的话，儿童应该学到很多。虽说如此，儿童即便在上学之前未接受读写训

① 假名是日语的表音文字，即只借用汉字的音和形，而不用它的意义。假名主要分为“平假名”和“片假名”两种，平假名源于汉字草书，片假名源于汉字楷书。——译者注

练，但他们进入小学之后也不会对学习产生很大障碍，因为他们最终都能跟上进度，且在小学一二年级时就可以补上其中的差距。

◇ （3）英语

最近日本一些地区开始流行英语方面的早期教育，许多小学相继决定在高年级设置英语会话课。大量研究的结果也说明儿童早一些开始学习语言，其效果比较明显。的确如此，进入中学才开始接触外语，很难学得地道，要学好就需要从小开始。但每周一次或每天花费较少的时间学习英语，能学好英语吗？这令人怀疑。一般认为儿童每天不拿出相当长的时间泡在英语会话环境中是很难学会英语的。生活在日本这样平时只能听到日语的环境里，要学好英语是非常困难的，但如果过分投入英语学习，又会对母语学习产生影响。所以，利用较短的时间学习可能会缓解对英语的陌生感，但还是要在进入中学后通过刻苦努力才能真正学好英语。

◇ （4）钢琴、稽古等技能训练

人的音乐能力发展从婴儿期就已经开始了，但要达到一定的水平则需要接受有系统的音乐方面的训练。学习乐器属于个人兴趣，在这方面需要花费多长时间和成本取决于家长的价值观。由于教育的对象是婴幼儿，所以应适当采用快乐的学习方式。要不要超出兴趣学习范围而让儿童投入太多的时间和精力学习钢琴或传统稽古，这关系到家长希望把孩子培养成什么样的人，但儿童在这方面花费的时间过长，必然牺牲孩子其他方面的兴趣和快乐生活，这样做值不值得需要家长周全考虑。

◇ （5）游泳等体育训练

在日本参加校外游泳兴趣班的孩子逐年增多。与水亲密接触不仅有益身体，而且也是学会游泳的必要条件。日本学校的体育课把游泳设为必修课程，而且大多数学校还根据学生游泳成绩划分不同级别，所以让儿童在上学之前练习游泳无可厚非，况且在现实生活中通过与大自然接触，在自然中学习游泳的环境和机会越来越少，所以有时不得不以培训班的形式学习游泳。一些研究表明，儿童从婴幼儿期开始学习游泳会消除儿童对水的恐怖，因而有益于游泳训练；有些研究持相反主张，认为婴幼儿由于害怕水所以很难学好游泳。所以是否按照儿童的个性设计相应的施教方法，学习效果将会大不相同。运动本身可以在日常生活或玩耍中以自然的形式开展，只有那些需要掌握一定规则或规定姿势的运动项目才需要特别训练，因此在幼儿期让儿童学习游泳等体育技能，就要看家长出于什么样的目的，是为了促进儿童身体健康还是为了这之外的其他目的。

4. 早期教育引发的病理问题

临床心理学专家高良圣等人通过实证研究得出了如下结论：过度接受包括技能训练等在内的早期教育，或父母对孩子施压或不能给予他们充足的游戏时间，会导致孩子出现神经衰弱等问题。即便当时孩子达到了大人所期待的好孩子标准，孩子进入青春期后也会出现一些心理上的疾病。儿童出现的这些问题有早期教育的原因，但更多是由许多综合因素导致的，这正如高良圣所指出的那样："不断强迫儿童'再加把油、再加把油'、攀比竞争、剥夺儿童自主性、母亲对孩子的支配及孩子对母亲一味服从、儿童教育中父亲的缺失等所有问题和现象，构成了'早教性氛围'中的所有元素。可以肯定地说，早期教育具有容易陷入'早教性氛围'的危险性，家长以及实施早期教育的相关人员对此必须要有一个正确的认识。"

5. 家庭信息环境的丰富性

实际上处于早期教育和非早期教育之间的事物越来越多。观察一下家里孩子的物品就可以发现有图画书、有市场上销售的杂志以及幼儿园每月发放的杂志等，玩具中既有用来玩耍的物品，也有文字积木、带有绘图和文字等各种各样的智力玩具，其实即使是普通的积木或拼图也很难说它不是智力玩具，比如在猜谜手册中（找出能放入三角形等几何图形的对应形状的拼图模型）等也可认为是图形概念的智力玩具。如果你打开电视机的话，就会发现“和妈妈一起动手做”“碰其客思”[①]等儿童电视节目都包含了开发儿童智力的教育内容。如今的日本儿童都收藏有很多录像或CD，它们大都是出于音乐教育或其他教育目的而被开发出来的。

总之，在富裕的社会里，儿童出生后很快就会被丰富的物质所包围，游玩也好锻炼也好或为了其他目的也好，儿童往往会被家长带到各类设施场所，其中当然许多是含有教育意图的设施场所。以图画书为例，几十年前日本的幼儿图画书并不是特别丰富，大正末期到昭和初期[②]图画书才开始大量印刷和销售，成为图画书历史发展的新的里程碑，但对于普通家庭，图画书的普及也只是最近三四十年的事情。比起从前，当今的儿童上幼儿园之前大量

① 碰其客思的日语名称为ポンキッキーズ（ponkickies），是日本富士电视台自20世纪90年代开播的人气少儿节目。——译者注

② 相当于20世纪20年代。——译者注

阅读图画书的机会大增，图画书不仅丰富了儿童与家长的相互交往、加深了亲子的心灵沟通，同时儿童还能从图书中受益良多，图画书能丰富幼儿的想象力、教会幼儿识字和计算，还能激发幼儿的多方面的智力，之所以没有把阅读图画书列为早期教育范畴，是因为阅读图画书并不需要特意到兴趣班、培训班里去学习，它更适合在亲子的亲情氛围中进行，但我们可以肯定地说阅读图画书包含着许多早期教育的理念和内涵。

由于整个社会处于一个丰富的信息环境当中，所以即便是幼儿也能随时随地阅读到图画书、随手就能打开电视机或录像机，而且不少儿童还能动手操控电视游戏机甚至还能摆弄电脑。一般认为当今的教育被学校教育所独占，但是如果我们扩大学校教育之外的教育，让儿童获得更多信息的话，很显然那些被学校教育剔除的大量信息就会自然而然地回到儿童手里。

从这一点看，上述早期教育所表现出来的代表性倾向，是整个社会现象的一部分，也是儿童周围的环境被信息化的结果，这还是靠金钱就能买到一切的当今富裕社会的一种发展趋势。我们虽然无法完全接受、肯定这样的早期教育倾向，但我们对此又难以做出简单的否定，这是因为成年人同样生活在这样的社会里。

6. 家长的欲求——摆脱孩子

思考早期教育时另一个重要的视点，就是家长同时作为一名成年人，其生活方式必然带有他所处的时代烙印和特征。在物质富裕、长寿型的现代日本社会里，作为一名成年女性母亲，她并不仅仅满足为人妻母及家庭主妇的角色，她还想追求自身的兴趣和工作，希望获得更多的与同龄人交往的社交时间，这是极其自然的事。家长让孩子接受早期教育或将孩子送入训练班学习，或许就是想暂时摆脱孩子，改变一下心情，或许是希望能自由地与朋友聊聊天，或许希望能尽情做一些没有孩子打扰的事情。

如果家长有长期摆脱孩子的想法，那么他身上就可能出现了失去育儿乐趣、缺失责任心的问题，但是如果家长只是短期地离开孩子，他反而会换得更愉悦的心情与孩子交往，这也许对育儿更有利，因此我们不能一概否定成年人对自由时间的追求。

一般认为，在现代社会里，成年女性安下心来悠然愉悦地专心培养孩子的情形越来越少。她们在未婚时甚至在婚后尚未生育孩子的时候，能为娱乐或工作展开广泛的社交活动，但一旦进入育儿期活动范围突然受到很大限制，很难把精力和心思花在某一特定人（即自己的孩子）的身上。

如此看来，很多母亲花费好多年时间专心哺育孩子是一件不可思议的事情。当然，在育儿时会出现一些不尽如人意的事，让父母们感到不安和疲惫，但伴随着孩子一天天长大，孩子把父母看作是天下最喜爱的人（至少在婴幼儿期间），由此带给父母的喜悦也无与伦比。正因如此，父母对孩子的这份情爱往往转化成为对孩子的过度教育，在精力上一味增加对孩子的教育投入，在经济上也一味增加教育投资，不只是家长与孩子在一起单纯生活，而这似乎成了好父母的现代标准。

7. 智力教育范围

不言而喻，考察早期教育的一个最重要视点就是早期教育是有利于儿童的成长还是阻碍儿童的成长。如果早期教育实施的时间较短，而且也没有给儿童带来过度的痛苦，这应该不会对儿童的成长造成很大负面影响。但如果早期教育妨碍了儿童日常生活中的一些必要活动（如睡眠、饮食、运动、手工制作、亲近自然、儿童之间的游戏等），这显然不利于儿童的成长，因此，我们必须慎重地思考早期教育的形式和内容。

孩子的生活过得充实、快乐吗？孩子的能动性发挥出来了吗？他们对某一活动，是仅仅暗记活动的步骤、顺序，还是更喜欢动脑筋、下功夫？或是善于思考、表达甚至亲手制作？或者他们仅仅只擅长符号计算？还是也能用整个身心去感触事物、操纵事物？以及他们是否有充分的机会去亲近动植物或经常与同伴们一起游戏玩耍？这些都应是幼儿教育的基本，我们固然需要担心儿童上学之后的学习情况，但在儿童上学之前如果没有经历过上述种种体验，他就很难取得学校教育带给他的成果。

反言之，智力教育不仅仅局限于早期教育，这一点应该值得我们反复强调。日常生活的所到之处都能启迪儿童智慧，家长也好保育员也好如果能充分利用这些随手可得的机会，儿童的智力就会自然得到发展，比如，给婴儿一些废旧报纸让他们揉成报纸团或折痕，或仅仅把不用的杯子、炒菜锅交给他们，他们都会动脑筋尽兴地摆弄好长时间。相反，我们一般不把单纯的背诵、记忆视为智力教育，这是因为智力活动中最主要的就是思考，而思考并不等同于记忆背诵，思考是更自由的思维跳动。

尊重孩子的自发性和自由情趣，有意图地充实完善环境，让孩子通过自身的能力在大人的帮助下去探索，去发现环境中素材的意义，这样才会有丰富的智力开发的可能性，可以说这里就有教育。另外，孩子通过和大人间的共同游戏和活动会学到很多东西，从相互间的想法或意见中得到启示，或把相互的思想或意见加以综合，这就是智慧的作用。

在议论早期教育的好与坏之前，应该先理解促进智力发展的广阔性。在此基础上有意识地在某个特定方面去帮助去加强，在整体均衡的前提下不会有严重的副作用。在确保孩子健全的发育前提下，是否培养孩子某个特定知识技能，这取决于家长自身的价值判断。

第2章　幼儿期儿童的特征

本章主要以2岁至入学前幼儿期儿童为对象，对这个时期的儿童发展特征进行考察和分析，有关婴儿期儿童发展特征的详细论述请参看拙著《从婴儿身上看到的世界》①。总体上说，一个人如果在早期教育中出现了问题，那或许是由于忽略了幼儿期儿童发展特性而造成的，反言之，如果早期教育哪怕在某一方面取得了成功，那一定是因注重幼儿期发展特征而获得的成果。

① 日文书名为《赤ん坊から見た世界》。——译者注

1. 与幼儿相处的必要性

无论是谁，当碰到幼小的孩子时都会产生一股难以言表的新鲜感。他们充满活力的样子就像刚刚收获的水果，给人一种清新、鲜活的感觉。他们画一幅画也好，从高处向下跳跃也好，赢了一张纸牌也好，都会流露出没有任何掩饰的喜悦。儿童让我们倍感世界充满欢乐，也让我们充分感受到生活在这个世界原来是如此的美好。儿童的存在是对成年人的一种莫大激励，这种激励并不是通过“加油！”等言语表达出来的，而是只要有孩子存在就足以使大人们感到无比快乐。

也许有人会觉得这很像爷爷和孙子在一起玩耍时所经常听到的话语，也许你说得不错，但我觉得不仅是家长，甚至与孩子没有什么关系的人，都需要重新回忆一下你和孩子在一起时的感受。报纸上曾报道说在新干线上有人突然对哭闹的孩子大打出手。动手打孩子也许是太过分了，但很多人都会感到孩子的吵闹影响到了自己的休息，孩子的家长没有管教好。老实说我自己也曾有过这样的感受，原本打算在车上好好休息一下以消除出差的疲劳，结果因孩子吵闹被弄得无法入睡而恼火。确实也有些家长不懂规矩，做事不讲情理，但儿童天性就是吵闹的，无论怎么说教或给他们玩具都不可能完全避免他们哭闹或叫喊，这是因为儿童尚未完全适应社会，换句话说他们还处在自然生长的状态中。

能习惯于这样的儿童存在，去包容他们，难道不是社会成熟的一个重要标志吗？一个社会如果听不见儿童的欢闹声和哭喊声，这样的社会反而会被认为是不正常的社会。如果把婴幼儿锁在学校、家庭或保育园里，也无法把我们的社会建设成一个由各种群体组成的共存社会。从小的方面说，如果一个人从青少年时期就有机会和儿童接触，有机会在吵闹中感受其中的乐趣，那么他在成人以后作为家长也好、局外人也好，与儿童的接触方式必定大不相同。

当代家长所出现的严重问题，大都是由于他们没有充分经历过这样的生命成长环境而造成的。儿童哭闹也好，排泄也好，给孩子换尿不湿也好，这些的确让人感到不舒服，的确感到气味难闻，但是自己当上了父母之后，逐渐就感觉不到自己孩子粪便的臭味，甚至还会通过仔细观察粪便来判断孩子的健康状况。但也有一部分家长对粪便的颜色或气味不做任何观察，会用尿不湿包好尽快处理掉，这也许是以冲水式便器普及为典型代表的现代人过于追求清洁而造成的必然结果吧。由于很小的孩子更接近自然，他们确实不可能总是处于清洁和安静的状态，从积极思维来思考这一问题的话，这或许是幼儿把我们成年人当作自然中的人而向我们示好的一种方式吧。

人通过和幼儿期的儿童交往，有时能突然理解作为人之原型的儿童的本来作用和面貌。成年人一旦对理所当然的事情产生了疑惑，往往很难找到其中的答案，从儿童身上我们也不能说一下子就发现了问题的答案，但能为我们思考“为什么会这样呢”等问题时提供诸多启示。比如说在家庭关系方面，我们人类为什么要组成和维持家庭呢？这是许多学科讨论的共同问题，也是一个重要的课题。发展心理学对此提出了如下解释：儿童出生时以及在其后的成长过程中都需要他人在生理上和心理上予以照料和看护，而照顾孩子的经历所产生的亲人间相互慰藉的必要性则深深扎根于我们的心中。

婴幼儿期的儿童如果没有父母（或养育者）就难以生存，这种情况如果仅限于婴幼儿期的话，那么人在成年之后即使没有亲人在身边也照样生存。我们承认性爱会让两人结为伴侣，但单凭性爱关系并不能保证家庭的成立，这里有亲情关系，我们正是在婴幼儿阶段充分感受和经历了这种亲情，这份铭刻在人们骨髓里的亲密感觉，才会让人在成年离开父母后去追求新的亲密关系，甚至可以说，我们人类在婴幼儿期体验到的亲密关系的类型不一样，成年后他对亲密关系的追求方式也就可能不一样，对亲密关系的维持方法也就不一定相同。

2. 幼儿在年龄上的优势

在谈到幼小孩子的发展特征时，人们首先想到的是他们许多事都不会做，许多事都不懂，在各个方面都不成熟，这对尚未长大成人的孩子来说是理所当然的事。其实到了幼儿的后期阶段，儿童能做很多事情，也能理解很多事情，关于这一点我们在后面再详细阐述。但是这里需要指出的是，儿童的确并不是在所有方面都有能耐，即便一些地方有能耐，但与大龄儿童相比还是显得逊色，因此我们要从这两个不同侧面来考察儿童，同时还要加上另一个重要视点，即幸亏儿童尚不成熟，才给这个时期的孩子们带来了许多利益。

自杀行为往往发生在小学高年级到中学的青春期阶段，在这之前极为少见，我们也从未听说过发生幼儿自杀的事情，但幼儿也会忧郁，也会有自残行为，即便如此他们也不会发生有意图的结束生命的行为。当然，并不是说儿童不会遇到像大人一样的令人想自杀的伤心事，儿童遭受虐待就是其中一例，即使儿童没有受到虐待，由于理解能力不强或缺乏预见，有些儿童第一次上幼儿园或托儿所时，不明白父母为何强行离开他而哭得非常伤心，如果他们知晓自杀这一手段的话，或许人类早已不复存在了。

正因为幼儿们不懂得死的概念，所以他们也不会有意以死来摆脱痛苦，他们的思想仿佛不可能离开眼前的事情，或者就像俗话里常说的“刚刚哭泣的乌鸦马上又笑了”那样，他们的注意力不会坚持很久，一旦受到周围事物的影响情绪会很快改变。正如前面所说的那样，儿童常因一点点事情就变得非常快乐的特点在这方面发挥了作用。所以儿童的不成熟让他们变得快乐，让他们度过幸福的童年。

儿童以自我为中心的特点往往被认为是负面的东西而被加以否定，这种主张有以偏概全之嫌。正是由于儿童以自我为中心的方式去解释或夸大自己的行为以及周围的事物，才使得他们产生自信，倘若他们具有客观评价能力的话，就会因与其他孩子相比较而发现己不如人，或因与大人间的差距而气馁。事实上，在幼儿园的一个班级里相信自己是班上跑得最快的儿童不在少数。说起来儿童几乎不做比较，他们也没有对事物进行对比的能力，对他们来说做自己感兴趣的事就足够了，至于别人干什么对他们来说毫无意义，对自己不理解的东西也不感兴趣，他们只满足于自己完成的事情。

3. 幼儿的好动行为特征

幼儿最明显的一个特征就是好动，或者可以说他们很难做到安静地去思考，即便他们有时也会陷入短暂的沉思不语，但即便如此，他们也很难做到按自己思考的结果去行动。幼儿的行为在许多场合都是漫无目的、任其自然，但也不能说他们完全是在瞎胡闹。幼儿偶尔见到了什么就要跑去看看，想起了什么就要动手做做看，这些行为的背后其实是为了理解客体（行为、活动的对象）并运用合适的方式去适应客体。比如幼儿走在路上，遇到路边有矮矮的石墙时，常把它当作平衡木跳到上面行走，间或又从石墙上试着跳下来，如果路边有合适的小石头的话，他们常常捡起来又扔出去。类似的行为对幼儿来说并没有什么特别意义，也缺乏一贯性，只不过想到了就去做做而已。但是，幼儿跳到路边石墙上行走时，必须伸开双臂保持身体平衡，这是对行为对象（即石墙）的一种适应性行为，把小石头捡起来再扔出去也是符合常理的动作，小跑也好、踢路上的小石子也好，这些都是与对象相符的适应行为，总之，幼儿期正是儿童以身体运动来习得适合行为对象的各种动作的时期。

儿童的这些动作都是自主、自发行为，不是按照别人的命令或要求去完成的，有时他们也模仿别人的动作，但这也是他们的自主行为，而且具体要模仿哪个动作的细节，都会随着他们当时的瞬间印象而有所改变。这些都表现出了儿童所具有的自由性东西，并且对儿童来说这种自由性带给了他们许多能动性的感受，他们会感到是自己在做。在任由儿童自由发挥的同时，儿童对于一个动作从不会做到变得熟练和得心应手，这也会给他们带来能动性的感受。在儿童的身边存在着各种各样的动作，每个动作按其本身来说都具有固有方法，对儿童来说，熟练掌握这些具有固有方法的动作非常必要，另外儿童还要寻找某一动作固有方法之外的方法的可能性，两者对儿童来说都具有重要意义。

4. 幼儿的情绪变化

在幼儿期间，儿童的情感（情绪）已变得非常丰富了。1岁的时候，婴儿就可以表现出包括喜怒哀乐在内的基本情绪，从这些情绪的形成过程看，婴儿的情绪已与他们的感受联系起来，已具有应答性情绪。其后，他们开始感受到比如害羞或自豪等稍微复杂的情感，当然，由于他们也许尚未经历诸如苦笑或爱憎等多种情感并存的复杂情绪，因而也不会理解别人的这种情感。从这个意义上说，他们自身可以感受到相应的各种情感，尽管这种感受是单纯的、单层次的，而正是因为幼儿用整个身心运用这些情感，所以他们的情感比成年人更丰富。

情感是通过与他人的相互作用表现出来的，说到底情感并非纯粹的个人内部现象，无论高兴也好，悲伤也好，都会牵涉到其他人，他人的情感传递到自己心中，不知不觉产生了共鸣，自身与他人发生联系的时候就会引发各种各样的情感。我们甚至可以说他人的存在本身就会引发某种情感，也就是通常所说的人与人的关系是情绪性的东西。幼儿以强烈的情绪渲染着周围世界，他们可以看出周围人表现出的快乐、有趣、厌恶等各种各样的情感，甚至是在用他们的身体感受这样的情感。

在各种情绪当中，对幼儿来说尤其重要的是肯定性情绪，儿童经常需要某种肯定性情感（当然大人也如此），当儿童处于恐惧状态或情绪低落的时候，来自亲密之人的肯定性关系就成为他们的精神支柱，一般来说儿童对父母的眷恋就是这种精神支柱。在幼儿园、托儿所等机构里，儿童与老师、保育员的关系也变得非常重要。所谓肯定性关系，是一种超越了对方对自己喜爱的范畴，它是对方全方位地接纳自己的一种确信，是一种只要回到那里就能坦然、安心的感受。另外，这种肯定性关系应是一种持续、长期的关系，这一点极为重要，因为如果它只是暂时性的关系的话，那么为了保持这种关系就需要不断进行确认，这样就无法让儿童感到安心。

在幼儿期间即使能够给予自己安全感的对象不在身边，想起曾经在一起相处时的记忆也能给幼儿一种慰藉。和父母在一起时的安全感，会深藏在幼儿的心灵深处，在他们情感低落时，会成为幼儿的精神支柱，甚至起到振奋幼儿精神的作用。尽管如此，对幼儿来说，肯定性关系的人每天都在自己身边、每天都反反复复地与自己互动还是非常必要的。在幼儿能预见与亲近的人待在一起的时间不会太久的情况下及在晚上睡觉的时候，幼儿的情绪就会低落，这时他们最需要精神上的支持。

5. 幼儿对周围世界的分类

幼儿期也是儿童学会对周围世界进行分类的时期。学习人与周围事物的关系、人对周围事物的作用是幼儿期儿童认识周围世界的最大特征。周围事物在活动方式上所表现出来的差异，显然是他们分类的一个重要依据。最常见的分类是如何区分生物与非生物，在运动方式方面，是直线运动还是非直线运动，是自发性运动还是非自发性运动，生物和非生物之间存在着很多差异。当儿童触摸某一物体时，他们也只做出一些固定单调的动作，这也许让他们感受到生物竟会有意想不到的举动。即使玩具娃娃看起来与真人或其他动物非常相似，但它们不会自行运动或者只做一些单调运动，因此儿童一般都把它们看成是没有生命的物体。在幼儿的眼里，植物既不像无生命的物体又不像有生命的物体，而是介于两者之间的东西，这是因为植物尽管不能自动地从一处移动到另一处，但会被风吹得轻轻作响，并且植物本身还能不断长大。

还有一种基本分类是如何区分人与其他动物。人有面部和手脚，能步行，能奔跑，人还能模仿别人的动作，人类具有表情和语言，从而使感情交流变为可能。与此相反，其他的动物虽然与人类有相似之处，但两者的差异也非常多，尤其是两者在应酬方式上截然不同。

幼儿也明白人有知、情、意等精神活动，但我们还不清楚他们是否意识到动物没有这方面的能力，但在幼儿期快要结束的时候，儿童开始意识到人体组织有时不能完全被人脑所控制，例如，他们知道胃虽有消化食物的功能，但是不管人类发出快点消化的命令也还好，还是没有发出这样的命令也好，胃的消化状况几乎没有任何改变。在幼儿期结束前他们的这种认识还很模糊，但幼儿期结束之后，儿童对人体内部组织的认识能力迅速发展，正如一些儿童注意到了在饱腹和空腹时肉体活动发生了相应的变化那样，这是儿童通过亲身体验对自身肉体活动的不同特点进行总结的结果。

那么，幼儿能否区分身体（肉体）活动和精神活动呢？人的意识如同在头脑中安装了一台照相机一样能够随时捕捉外界事物，但很多研究显示幼儿后期的儿童已能认识到人的头脑有时捕捉到的不一定是外部世界的真实情况，他们似乎不再把精神与行为视作同一样东西，而认为精神是人脑中的某一实体，幼儿如果能认识到这一点的话，他们就能区分自己与他人的见解及信念的差异了。

见解和信念之所以因人而异，是因为不同的人在与外部世界相互作用时获得的经验不同。下面的实验能很好说明这个问题：某人和自己不一样，他没有看到某一物体从A壶转移到了B壶，因此他一直以为东西还在A壶，回来的时候要找那个东西就必定会查看A壶，也就是说，从此人查找物品的这一点就能分析出此人的一系列行为。能够思考一系列行为之间的关联性被称之为见解或信念，要说服、影响具有见解或信念的人就必须以他的固有见解或信念为依据。

以上的分类是儿童周围世界的最基本分类，在此基础上儿童会更进一步区分更具社会意义的东西，其中尤为重要的是对性别的区分。在幼儿后期，几乎每个儿童都能区分自己是男孩还是女孩，也能区分别人是男人还是女人，并且根据性别的分类改变他们的服装、游戏伙伴或说话方式[①]等。儿童为

① 日本的男性和女性的言语行为有很大的差异，此种差异由来已久，这与日本社会中男女的地位和所扮演的角色有密切关系。——译者注

什么把性别的区分看得如此重要就不得而知了，这或许是因为儿童们把身体的不同看得很重要，或许是因为他们发现父母的不同就在于性别的不同，或者是因为周围的人都能区分为男性或女性（他们常常在区分老年人的性别问题上犹豫不定），也或者由于受到周围人的指示或惩罚的影响（比如男孩穿上女孩的衣物或做女孩的游戏就被耻笑等）。

6. 幼儿的成长生活

幼儿期也是儿童开始独立做事的时期。这个时期他们已经开始领会日常生活习惯，尽管他们对某些事情还不是很擅长，但能不依赖家长独立完成生活中的许多事情。为此，要让儿童们大概掌握从早晨起床到晚上睡觉前每天该做的事情的顺序，并由他们独立去完成。实际上，幼儿基本上能用语言表达出每天该做的事情的顺序，也能够自已独立完成。严格地说，每天该做的事情的顺序有时也会发生变化，但幼儿能够灵活地应对这些变化，比如，洗澡的最重要的目的就是要洗净身体，同样为了达到这个目的，幼儿偶尔也能改变一些洗澡动作，尽管幼儿灵活性还不太强，但多少也能灵活地思考和处理一些问题。

在幼儿期儿童开始接触家庭以外的人群，与同龄孩子游玩的机会非常必要，因为幼儿在与同伴交往过程中可以学会与人相处的基本技能，现代家庭规模变得越来越小，因此幼儿园等设施对幼儿来说就变得非常重要了。

现在，孩子们可以接触到各种各样的文化资源，可以学习如何使用和鉴赏各种文化产品，如电视、录像、游戏机、图画、玩具等。让幼儿乘坐三轮车、电车，让他们使用自动售货机或到超市购物，这些对幼儿的成长都非常重要，它可以扩大儿童的生活圈，也是他们进入现代社会的第一步。

BUS

第3章　多元智能与符号系统教育

本章讨论的问题是如何看待儿童智能发展及其与教育的关系。实际上讨论该向儿童传授什么样的教育内容与该让儿童朝哪个方向发展，是两个既有联系又有区别的问题。一般来说，我们通常所说的早期教育并不对儿童进行所有知识领域的教育，而常常将教育内容限定在类似于学校教育中的某一门或几门学科。在分析早期教育为什么具有这种倾向之前，有必要弄清为什么要对知识领域进行分类以及分类的意义等问题。

本章主要参考以提出“多元智力理论”而闻名的美国心理学家加德纳的观点对儿童的智能与教育问题进行分析和考察。加德纳的多元智力理论并不拘泥于儿童的一般智力发展，而是将个体智能分为以下六个部分进行考察，他所提出的智力概念远比通常人们所理解的宽泛得多，因而也备受世人注目。其中包括：

①语言智能；

②音乐智能；

③数理逻辑智能；

④空间智能；

⑤身体运动智能；

⑥人际交往智能和自我认知智能（自我理解及对人理解）

如果按照加德纳多元智力理论思考的话，就会发现以前常被人们提及的认知发展阶段理论，似乎难以解释儿童智力发展的所有问题，但另一方面也清楚地说明了若过早地向儿童传授某一方面的知识或技能的话，必然产生某些副作用。比如说，有的孩子确实很早就表现出了音乐天赋，那么是否就应该趁早对其进行音乐教育呢？这能证明早期的合理性吗？发展儿童的音乐才能等同于早期教育吗？这些都值得我们认真思考和讨论。

1. 认知发展阶段理论的主要主张

有一种观点认为，个体从出生到成熟是按照一定的顺序和一定阶段发展成长起来的，所以教育儿童的最适当方法就是根据儿童的发展阶段创造适合的环境，让儿童在自由活动中得到发展。奠定了发展心理学基础的皮亚杰、埃里克森等学者都持有这样的观点，这种理论及主张直至今日仍具有一定的普遍性意义。皮亚杰认为，儿童自发地与自然特别是物理世界发生作用，按照每个人共同的阶段和步骤构建更加复杂的认知结构，所谓更加复杂的认知结构是指为了应付周围世界，个体逐渐地丰富和完善自己的认知结构，从而培养更抽象、更有力的认识世界的能力。埃里克森也主张每个人都按照不可更改的发展阶段，面临一个个社会心理以及性方面的冲突和危机，一步步成长起来。根据这样的理论，教育最重要的就是创造一个宽松自由的环境，以便儿童去探究世界，这样儿童就会不受其他控制，按照自己的规律生气勃勃地成长为一个成熟的大人。也就是说，儿童对周围世界探究本身就是最好的学习，给儿童提供一个按自己的节奏去探究自己感兴趣的事物的机会，这比什么都重要。

尤其是在进步主义教育提倡者杜威之后，许多学者在上述原则的基础上开始强调儿童与他人的交往、互动以及接受他人、父母或老师帮助的重要性，同时期盼儿童能够发挥社区特点从做中学、从实践中学，从那里儿童不仅可以学习怎样成为有社会担当、社会责任感的成年人，还可以从中学到各种科学知识和技能。

上述的理论和主张获得了大多数学者至少是从事有关幼儿期儿童发展与教育研究的众多学者的赞同，因为单方面的填鸭式教育、无视儿童心理发展特征的教育让人们难以接受，儿童只有处于能够自主发挥自身能力的状态和环境之下，方能将各种事物和现象内化为自己的知识。但另一方面，从近年的研究成果来看，比起拘泥于儿童的一般认知发展规律，更具体地对儿童的智能进行分类和考察，并在此基础上思考相应的教育内容和方式，确实有其必要性。

2. 认知发展与教育方面的理论

这里根据加德纳理论，对近年有关认知发展的研究成果及其在教育中的应用原则做一个总结。

（1）对认知发展理论普遍性的质疑

不管是皮亚杰还是埃里克森，他们关注的都是普遍意义上的个体心理发展的阶段性和顺序性，但是在过去的30多年里，大量研究都质疑皮亚杰等人所揭示的个体心理发展规律是否真具有如此普遍性。它无论何时何地，对所有的人、对所有的知识领域都完全符合吗？也许作为一种基础理论，它具有一定的普遍性，但是如果涉及一些与文化紧密相关的知识领域，比如在识字、算数等个体发展方面，显然因文化不同，个体的发展状况也应各不相同。果真如此的话，那么在数字或算数领域，我们就必须探究符合这个领域的个体心理发展规律。

（2）单个知识领域发展的重要性

在个体智能发展问题上，如果认为个体在不同知识领域的发展状况不大相同的话，那就等于承认没有一种知识和技能完全通用于一切知识领域。也就是说，一般性的思维方式或解决一般性问题的技巧和能力不一定适用于单个知识领域，取而代之的是许多重要技能成为单个知识领域或解决某一课题的特有技能，这种特有技能很难转换或适用于其他领域。而适用于特定领域的技能需要通过长时间反复练习方能掌握，而且即便在某个领域获得了一定水平的技能，如果不是极为相近，也不能马上适用于其他领域。

我们所讲的个别领域的重要，并不是说学习个别的零散的知识的重要。每个领域都有其固有的结构及知识系统，比如，在学习算术时，如果一个人只是记住了计算的步骤和顺序，我们就很难说他在算术领域已非常纯熟、精通。

◇（3）重视个性差异的必要性

人们常常质疑认知发展阶段理论忽视了诸如个体间在智力、气质、发展阶段等方面的个性差异。但实际上个体间的差异远比人们想象的要复杂得多，个体气质、性格方面的差异多种多样，对某一内容领域的掌握程度以及理解形式也大不相同。对教育来说更是如此，在教育上我们尤其无法忽视每个人的智力强项大不一样这一事实。“多元智力理论”所重视的正是这些诸如个体与个体在心智上的巨大差异，主张每个人都拥有他显著不同的长项和短项、优势领域和劣势领域，每个人在最终所实现的最高目标中，获得的创造性成果的高低以及实现目标的过程也存在着明显的差异。擅长音乐的人与擅长文学的人之间的差异，不单单是他们喜欢的领域不同，更是他们在各自领域的娴熟度和所表现的风格的不同。

◇（4）错误概念的顽固性

皮亚杰的研究显示，幼儿具有以自我为中心的基本特征，他列举了儿童在认知过程中犯下的形形色色的错误。比如，儿童会把没有生命的物体看成有生命的物体，但进入幼儿后期，儿童的这种错误概念就会自然消失。

但是近年的许多研究都证实，错误理解（对概念的错误认识，又称为错误概念）[1]不仅存在于幼儿当中，同样也存在于众多的成年人当中。比如即使是大学生，对力学的基本原理也常常产生错误的认识，虽然这些力学概念在中小学教育中反反复复地不知学习过多少遍，但问题形式稍微发生变化，他们的答案就会出现同样的错误。也就是说，错误概念具有很强的顽固性，只是简单地改变教授方法，很难从根本上纠正错误概念的产生。

◇（5）文化对概念形成的重要性

谁都不能否认环境因素在认知发展及概念的形成过程中的重要性。这里所说的环境不是指一种笼统的环境，而是指一种较为具体的环境对概念的理解具有重要作用。整个社会文化，包括家庭生活中所形成的家庭形态及家庭价值观、社区所具有的社区文化、社区教育制度及教育设施、大众媒体传播的信息等都会对认知发展产生一定影响。当然，个体的某些认知发展过程的确不随环境、语境的改变而改变，但是如果我们留意一下不同的人所表现出来的不同的价值观、不同的人在各自经验基础之上形成的不同的思维方式及语言表达方式、不同的人所具有的不同的与他人交流、交往方式的话，就不难发现文化、环境在其中扮演着重要角色。

◇（6）判断认知发展水平的标准

通过认知发展及教育的作用，个体总能达成某一层次的目标，对于达到的水平也一定会有人以某种标准对其进行评价，判断其优劣好坏，判断它是否被所属的文化所接受，判断他达到了什么样的水平。这种评价背后的价值观是学校以及其他教育制度、文化制度所共有的。在这个制度中会有一群有影响力且能体现判断价值的人群，以这部分人为中心，并由认同同样价值观的人们来培养下一代，来熏陶同样的价值观，广义的教育的作

① 错误概念通常又称为“前概念”“朴素概念”等。——译者注

用就在于此。

由以上六点所总结出来的观点不得不让人们重新思考一般认知发展论及其教育观。重视孩子的主体性、让儿童通过与环境的相互作用而获得自主发展的见解尽管具有一定的合理性，但是涉及具体教育方法的时候，要对具体的知识领域进行具体分析，充分考虑到文化、价值观对儿童发展的影响，在此情况下，我们有必要运用符号系统理论对此进行分析和考察。

3 符号系统的研究

前一节所介绍的内容或许被众多认知发展研究者所认同，但加德纳却独自提出了运用符合系统研究智能发展的观点。的确，人类是通过运用符号才得以独立存在的，各个知识领域也随着人类文化的发展获得了独自的符号表现，比如文字、数学方面的记号和公式、音乐、图画等所有知识领域都是广义上的符号，用来表示某种含义或对象。教育尤其把培养能掌握操纵这样符号体系能力的人作为其追求的目标。语言本身就是一种符号，图形文字之类的当然也是符号，箭头图形用来指示方向，是一种约定俗成的符号，地图更可谓是符号的集合体。

加德纳的多元智力思想是基于这样的事实提出来的，即文化中的各种“智能”都具有独自的符号系统，同时在人的头脑组织中，每种智能都与一种特定的符号类型相对应，从而形成了一个个独自的领域。总之，在加德纳看来，在人脑之外存在着能反映文化的符号作为认识的对象，人脑的内部具有独立的信息处理系统，且头脑内部的处理操作的内容与外部的文化符号是一种对应关系，智力并不是抽象之物，而是实在之物，是一个靠符号系统支持和反映出来的实在之物，而多元智力中的每一种智力都是通过一种或几种特定符号系统的支持反映出来的。如果是这样的话，我们在思考各种独立的智能及其符号系统的发展与教育的关系时，就有了充分的根据。文化本身虽然不能直接促进人脑、基因或智能本身的发展，但它能以符号系统的形式提供给所属成员去使用。实际上，文化通过学校及其他的制度，规定了我们应该在多大程度上使用什么样的方式去保持或发展各种符号系统。换言之，成人通过对儿童的教育，使儿童继承或扬弃诸如神话、谚语、仪式、艺术作品、科学性实践、哲学等之类的符号系统。关于这一点，如果参照表3-1，或许有助于你的理解。

表3-1　符号体系的意义

基因	脑	内部符号系统	外在符号系统	文化的作用
		（脑部表象）	（外在符号/模式）	制度、氛围

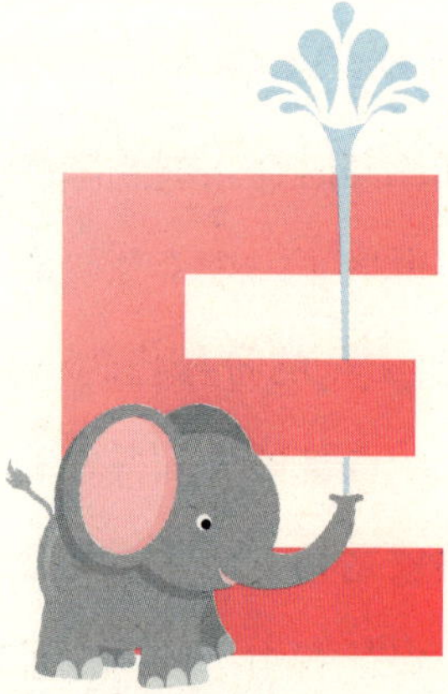

4. 音乐认知发展与教育的实例

有关音乐早期教育的部分将在第7章详细叙述，这里以音乐为例，谈谈音乐方面的认知发展与教育的问题。

音乐范围广泛，从小孩的随口哼唱到艺术家们的高水平演奏都称为音乐。音乐本身属于一个独立领域，具有独立的符号系统。音乐不仅是一种深深依赖于文化的体系，而且在人的大脑中也有它的特定神经部位。没有一种文化不包含音乐，没有一个人从未听过音乐或从未哼唱过歌曲，尽管人与人之间音乐水平高低不同。

对于音乐的教育至少在西方社会或者深受西方文化影响的日本等国家都是以极单纯的观点看待的。认为音乐是天生的才能加后期长期练习而表现出来的。照这个观点来看，只要一个人有一定的遗传天赋外加接受良好的教育，最后就会表现出优异的音乐才能。

但观察现实中人们的音乐发展与教育的情况，似乎觉得这样直线型的看法过于乐观，因为音乐具有多种符号系统，它们之间的关系错综复杂，对音乐方面的智能发展来说，适宜的教育必不可少。

5. 音乐的神经学基础

有证据表明人类在音乐方面的智能（符号系统）是普遍存在的，也是天生的。

第一个原因是几乎所有的儿童多多少少都会在早期表现出音乐才能。婴儿对声音就不必说了，他们把乐曲或音调听成是自己周围的语言，自己也会尝试着去发音。他们在1岁半左右就会开始自行哼唱，这就好像是称不上语言的声音游戏，它不受环境影响而自主发生。

第二个原因是1周岁之前的婴儿就能够区别声调的细微差别，并能模仿这些声调，有时还一边听一边附和这些声调。

第三个原因是在音乐方面出现过不少年龄很小的神童，这些音乐天才的年龄之小很难仅用练习和训练加以解释。

我们基本上可以把音乐方面的才能和智力看作是独立于其他能力的独立领域。对音乐特别是对音调高低的知觉与对语言声音的知觉是两种不同的神经机制或操作系统，不管是通过机器观察大脑的活性化状态，还是观察分析脑障碍的病例，都可以证明处理语言的神经机制和处理音乐的神经机制属两个不同的操作系统。

更进一步来说，在非常幼小的时候人与人之间就表现出了不同的音乐天赋，许多对双胞胎的研究结果都证明了音乐智能与遗传有密不可分的关系，当然，要使音乐方面的才能达到较高水平，文化及教育是不可或缺的。

6. 早期音乐智能的发展

当今的孩子出生后就马上能接触到各种不同的音乐，其中有家长唱的摇篮曲，也有电视及其他音像设备播放的音乐。正因如此，当代的儿童在接受正规教育之前，他们在音乐方面的智能被促进而得到了一定的发展，也逐步加深了对音乐符号的理解。孩子在2岁半左右开始对周围人哼唱的歌曲表现出明显的兴趣和关注，自己也开始哼唱自己熟悉的摇篮曲或看电视时记住的儿歌。起初儿童们只是再现音乐的节奏，接着他们开始能够哼唱曲调，尽管哼唱时常常断断续续，后来他们就能哼唱有一定难度的歌曲了。这个时期，儿童们随便哼唱的歌曲逐渐减少，哼唱跟别人学来的歌曲开始增多。

儿童们开始逐渐接受周围的音乐文化符号，比如，知道把和音与情感融合到一起，哪怕没有学过也会感受得到长音的明快、单音的凄凉，知道特定场合和特定音乐的关系，生日歌在生日那天唱，电视剧主题歌一般在节目的开始演唱，等等。

上学以后通过音乐课的教学或兴趣班等其他方式的音乐教育，儿童的音乐水平会向更高的方向发展，但儿童如果缺少音乐教育的机会或缺乏在音乐方面的兴趣，那么幼儿末期儿童的音乐智能发展有时就会停滞不前。在丰富的现代音乐环境中，很多情况下儿童听的能力得到了很大发展，但同时也有不少儿童仅仅止步于幼小时的爱好，或被导入误区而无法发展自己的才能，比如就像很多人认为按常规填写出来的歌词才是好歌词。

7. 音乐的正规教育

在实施音乐教育特别是习艺的时候，一对一的形式最为常见。学校的集体学习可以理解音乐表现的微妙之处，还可以学习各种各样的言语表达能力，比如逐渐领会连奏（legato）一词的含义，也可以学习乐谱谱面的标记方法。这样，在学校学到的音乐有些可以成为日常生活中的直感音乐，有些会出现偏差，而且很多情况下这些偏差难以改正过来。

大多数情况下的音乐教育都注重表演训练，而对理解音乐或音乐符号的要求则比较宽松。其实我们不需要具有和熟练的音乐家一样的表演技能，重要的是加深对符号含义的理解。

好的教师会在课堂上亲自演奏或作曲。他们要求学生不仅要看也要模仿，而且注重循序渐进。纠正学生弹奏中的错误是很重要的机会。在这个基础上，为了加深理解也可以自己作曲或开展互相评价等活动。

以上简单阐述了音乐性的发展与教育的内容，要强调的是音乐智能是可以独立发展的。按这个观点来看，在一定的天赋基础之上，加上周围家人的激励，包括媒体在内的更广泛的环境，以及接受正规的教育等各种环境因素的影响下，儿童在音乐领域的发展是可以达到目的的。

正如以上加德纳的主张一样，考虑幼儿期的早期教育的时候，要知道孩子本来就具有诸如语言、数字、音乐等方面的天赋，我们绝对不能忽视儿童希望发展他们天赋的欲望和倾向。在生来就有的倾向性的基础上，如果要向高水平发展就需要接受学校教育或类似学校教育的其他教育。但不是说给孩子一个良好的环境让他们自行探索就够了，不能只停留在认知发展的一般论上，还必须考虑到知识领域以及其中的符号系统的教育问题。但话又说回来，至于什么时候开始接受类似学校教育的系统学习就是另外的事了。最好从孩子自发的行为开始，在与家长的密切互动中，逐渐地将文化要素融入孩子所具有的原有天赋中。所谓利用文化因素就是把家庭、社区或媒体等融合到日常生活的活动中，所以它并不意味着让孩子马上接受正规教育，我们应该在孩子长期的成长过程中全面考虑究竟该如何教育孩子。

第4章　促进儿童的智力发展

本章试图考察肩负促进儿童智力整体发展任务的早期教育的理论和实践依据。早期教育果真能促进儿童智力的整体发展吗？如果是这样的话，那么它又必须具备哪些条件呢？

1. 促进儿童智力发展的可能性

认同早期教育的人极力强调运用某些教育方法能够改善和促进儿童整体智力的发展，甚至有些人还主张应将这种早期教育称为英才教育或天才教育。虽然英才、天才的定义多种多样，但无论如何称得上天才或英才的儿童毕竟非常罕见，而且通过教育能否培养出像莫扎特那样的人才本来就是一件值得怀疑的事情。尽管如此，仍然还有许多家长觉得哪怕十个人中出一个人才也好，并希望这个人才是自己的孩子。以普通的小学班级为例，在不足40人的班级中，的确有一两个儿童，即使课后也不怎么学习，也能完全理解老师在课堂上讲的东西，而且学业成绩也非常优异。他们并不是那种在某一个学科，如在音乐方面有特殊才能的孩子，而是所有学科都表现得非常优秀，属于脑袋瓜特别好使的那类孩子。

这类孩子或许可以称之为智力超群吧。但正如前章所讨论的那样，单用一种量化的智商测验的分数并不能反映出儿童的一般智力，并且一般智力的高低能否代表一个特定个体的智力水平，也是一个充满争议的心理学问题。不可否认，通过智力测验计算出来的智商分数，与年龄具有一定的相关性，也基本上能预测学生在校的学习成绩，但事实上测试的具体内容并不明确。把那些只要年龄增长就可以回答得出的测试题目收集到一起进行的测试，除与年龄有关这一点可以肯定之外，就不知道这样的项目还能说明什么，充其量只能勉强解释它与人脑的信息处理速度有很强的相关性。

正如前章所述，对于能否顺利解决实际的学术性课题，取决于个体在该领域方面所具有的知识的多寡，年龄越大它所起的作用就越大。同样，随着年龄的增长，个体的干劲，或者说想完成什么事情的积极心态，对解决某一课题具有越来越显著的作用，这类似于前述的年龄与知识的关系，甚至比年龄与知识的关系还要显著得多。实际上，对成年人来说，我们一般很难使用智力测试的得分去预测某人在职业及其他方面能否取得成功，诸如人际关系、情感等方面的情绪管理能力（即戈尔曼所称的EQ）的影响更大，如果对从事同一行业（比如推销员、研究人员等）的人进行比较的话，就能发现EQ对他们工作表现的影响尤为突出。这是因为他们在入职时都已经通过最基本的适应力筛选，因此工作干劲对他们能取得多大工作业绩就具有决定性的作用了。

然而智力的一般性的发展指标，尤其对小孩子来说并不是完全没有意义的。这是因为在个体的发展过程中各种因素是相互关联、紧密联系在一起的。实际情况也是如此，即使是观察幼儿园的孩子，也会发现智力发展比较早的儿童不管做什么事情都表现得非常能干。虽然这些孩子在进入小学之后，往往会被其他孩子迎头赶上，但这至少说明环境对促进幼儿期儿童的智力发展具有不可忽视的作用。为数众多的研究都得出了这样一条基本原则，即虽然环境毫无疑问能促进儿童的智力发展，但是当儿童的智力达到了一定程度之后，再进一步提高其发展水平就变得非常困难。也就是说，智力在一定的环境条件下会得到正常发展，但即便提供更好的条件也未必能在此基础上得到更大的提高。

尽管说智力发展需要具备一定的环境条件，但在同一社会里生活中，只要不处于非常贫困的境地，智力发展就不会那么迟缓。一个孩子接触事物的时间是有限的，比如用来玩耍的玩具达到一定数量后，即便数量再增加，儿童的智力发展也未必会得到更理想的结果。效果往往在孩子第一次接触玩具时才会显现出来。

尽管如此，改善环境也不能说完全没有效果，对此，以下将举两个例子予以说明：一个是在贫困条件下，改善环境对促进儿童智力发展的影响；另一个是在一般环境下，改善环境对智力发展所产生的影响。

2. 影响儿童初期游戏水平的因素

从儿童的游戏水平，容易考察0～2岁不同年龄的儿童的智力发展状况。我们已经找出了这个时期的儿童对给他的玩具如何摆弄以及是否属于假装性游戏等儿童玩游戏的特征与儿童认知发展的各种指标的关联性。儿童在游戏中的表现及游戏内容，出现了以下几个不同阶段，即从拘泥于探索性活动的阶段，向练习性游戏（非象征性游戏，还不会假想性游戏）阶段发展，再向象征性游戏（假想性游戏）阶段发展，并且儿童在掌握了高级阶段的游戏形式之后，他们进行低级阶段的游戏形式的频率一般随之减少。

第一阶段游戏　一般处于儿童从出生到9个月这一阶段。处于该阶段的儿童的游戏形式为摆弄物体，也就是属于感觉运动游戏。儿童通过对具体物体的触碰、啃、舔、观察等动作，获取物体的各种信息。

第二阶段游戏　快满1岁的儿童，开始出现非象征性游戏（练习性游戏）。他们开始以具体的、合适的方式操纵实物，以此获取能反映该物体固有性质方面的信息（例如按压柔软的球等）。儿童在初期只能操纵单一的实物，之后会发展到对几个实物的组合体进行探索，最后能把一些散乱的物体进行适当的组合（例如，把特殊的、无规则的几个积木，重新搭成适当的积木等）。

第三阶段游戏　大约1岁之后，儿童开始以他们自己的假想来使用物体（比如把积木当成电话使用），再逐渐发展到开始与物体进行简单对话。这时，常回想起自己或他人以前经历过的事情，并通过游戏再现出来。此后儿童的假想游戏由针对自己的假想扮演转向针对他人的假想扮演（比如从自己模仿喝东西改为喂给布娃娃喝等）。此时的儿童还会脱离物体本身的特性进行假想游戏（比如：从用玩具电话打电话改为用积木模仿打电话），甚至发展到把几个行为动作连续起来进行假想游戏（比如：开始仅仅只用玩具杯子模仿喝水，转为先模仿向玩具杯子倒入饮料，再模仿喝饮料的动作）。另外，儿童在针对他人的假想游戏中，最初由自己扮演主角（比如儿童自己给布娃娃喂食物），逐渐地让他人扮演主角（比如让布娃娃做出再见的动作），最后让几个其他人一起扮演假想游戏（比如让一个布娃娃照顾另一个布娃娃睡觉）。

下面将要介绍的一系列研究（主要来自美国学者伯恩斯坦等人的研究），是针对2~21个月大的儿童（具体地说是对2个月、5个月、9个月、13个月、17个月、21个月的儿童）所进行的调查分析，调查对象为美国中产家庭的母子。为了进行对比研究，我们对日本的母子做了同样的调查，并用录像分析的方法分析了儿童在得到玩具和玩耍玩具时的行为方式，也观察了母子间的交流状况。

调查结果所反映出的诸要素关系如图4-1所示。

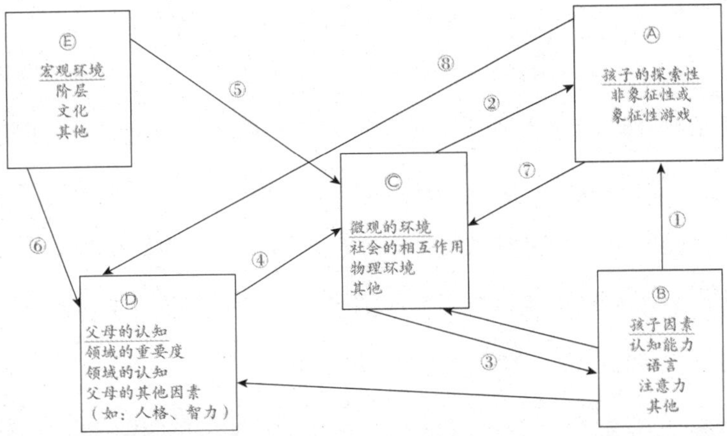

图4-1　影响儿童游戏水平的要素（Tamis-LeMonda & Bornstein,1996）

（1）儿童的智能与游戏水平的关系

游戏与语言能力都属于表象能力，也就是两者都是基于对事物进行思考后的一种外在表现，因此从这一点上来看，游戏与语言之间应该存在着密切关系。一项研究表明，1岁儿童刚刚出现的假想性游戏与他之后的意义多样性（即对语言意义能用多少方式表达）有很强的关联性，能够用不同的方式表达语言意义的儿童大都能通过游戏把以前经历的事情再现出来。另一项研究发现：语言发展得较快，尤其是词汇量较丰富的儿童，大都在假想性游戏方面表现突出；相反，语言发展缓慢、词汇量贫乏的儿童在假想性游戏方面的发展也表现得迟缓。

许多有关儿童的信息处理与游戏关系的研究，都对习惯化（儿童对一种新刺激应答的可塑性）的作用进行了分析和考察。所谓习惯化，当呈现一个新的刺激时，个体起初对该刺激有较高的注意力，但不断或重复地受到同一刺激时，个体的注意力就开始下降。由此可以看出，习惯化是大脑信息处理速度的反应。研究证实：五个月时的儿童的习惯化速度与13个月大的儿童的假想性游戏具有很大的相关性，并且母亲的行为（有意识地培养儿童的注意力）对这种相关性的影响具有统计上的意义。

那么，儿童注意力的个人差和他们的游戏水平之间是否有关联呢？一般认为，儿童自我控制注意力及注意力的分配，有助于儿童信息处理能力的发展。儿童如果能够对新的刺激保持长时间的注意力的话，就奠定了他的学习基础。儿童探索事物的时间越长，即注意力越持久，他以后的游戏水准就越高。儿童13个月时的注意力与假想性游戏也有关系，而且从各种调查统计结果看，还与母亲的积极参与程度有密切的关联。

(2) 微观环境与儿童游戏的关系

环境的物理性特征与儿童和他人的相互作用，对儿童的游戏水平具有什么样的影响呢？在探究这些问题时，亲子互动方式及其对儿童发展影响的研究就显得尤为重要。无论是在欧美还是在日本，众多的研究都证明了亲子互动与儿童的发展存在着显著的相关性。比起孩子单独游玩，父母（研究中的样本多为母亲，但样本为父亲的研究结果与母亲的情况基本相同）与孩子一起游玩时，孩子的游玩方式更复杂、更多元，并且游玩持续的时间更长、难度更高。

如果母亲积极示意儿童关注周围的玩具（比如向孩子示意活动玩具是如何移动的），那么孩子自主地对周围事物产生兴趣的情况就比较多。研究发现，若儿童两个月大的时候，母亲采用这样的方式去予以鼓励，到五个月大的时候，儿童就能探索周围的事物。

母亲的应答性也非常重要。我们把父母对儿童的活动立即给予相应的应答行为称作应答性[①]。研究发现，父母的应答性能促进儿童的认知发展。在有关儿童游戏方面的研究当中，有研究分别对年龄为13个月和20个月的儿童进行了调查，该调查发现，不管是对于13个月的儿童还是对于20个月的儿童，家长的非假想性游戏与孩子的非假想性游戏、家长的假想性游戏与孩子的假想性游戏具有很强的关联性。13个月及20个月大儿童的游戏变化也与家长的变化是对应的，即家长的游戏种类的增加或减少，儿童的游戏种类也相应地增加或减少。

该研究还对家长的游戏示范行为以及引导儿童游戏的方式进行了调查，结果显示，父母在假想性游戏中演示某种动作，孩子也会做出很多与他们父

① 比如，儿童对父母笑，父母也对他笑；儿童发出什么声音，父母也同样发出那种声音。——译者注

母类似的动作。

总之，母亲（有时是父亲）对子女的教导、应答、示范等行为，对1岁年龄阶段和2岁年龄阶段的儿童的游戏水平、探索周围环境的水平都具有重要影响，特别是在游戏是假想性还是非假想性方面，亲子间的互动极为重要。

（3）父母的知识水平与儿童游戏水平的关系

父母抱有什么样的想法、持有什么样的价值观，决定了他们与孩子间的互动内容和方式，由此是否也会影响到孩子的成长与发展？最近几年，此类问题成为人们特别关注的话题。

家长重视孩子哪方面的成长，孩子是否就会在哪个领域得到很好发展呢？有研究显示，不少家长平时比较重视亲子游戏或阅读儿童读物给儿童听，但这种做法是否对儿童的智能发展带来积极的正面影响，在学术研究上尚未有肯定性结论。

有的家长也许能正确判断孩子的智能发展水平，有些家长可能判断失准。那么，一种游戏是刚好适合儿童目前的智力水平，还是比孩子目前智力水平的标准偏高一点？这样做是否能提高孩子的游戏水平呢？一个以20个月儿童为调查对象、旨在弄清父母的育儿知识与儿童游戏水平关系的研究显示，父母持有的有关儿童认知发展方面的一般知识对儿童游戏水平的提高并无明显帮助。

看来儿童的游戏水平似乎与父母的一般育儿知识没有太多关联性，但如果父母对儿童教育的某一方面具有特殊知识，比方说父母拥有丰富的有关假想性游戏知识又如何呢？有一项研究以21个月大的儿童的母亲为调查对象，让她们根据本章开头所示的儿童游戏发展阶段顺序，举出相对应的游戏实例。从整体上看母亲们的判断与研究者的想法非常相似，但也有一些母亲的判断与正确答案（即研究者的判断）相差很大。图4–2中列举两者差异较大和差异较小的例子。另外，在亲子游戏中，对儿童的游戏水平和父母帮助儿童的情况进行了调查，并分析了它们之间的相关性，发现从父母催促儿童进入高一级别游戏的比率上看，对游戏有正确了解的父母往往更多地催促儿童去玩更高一级别的游戏。

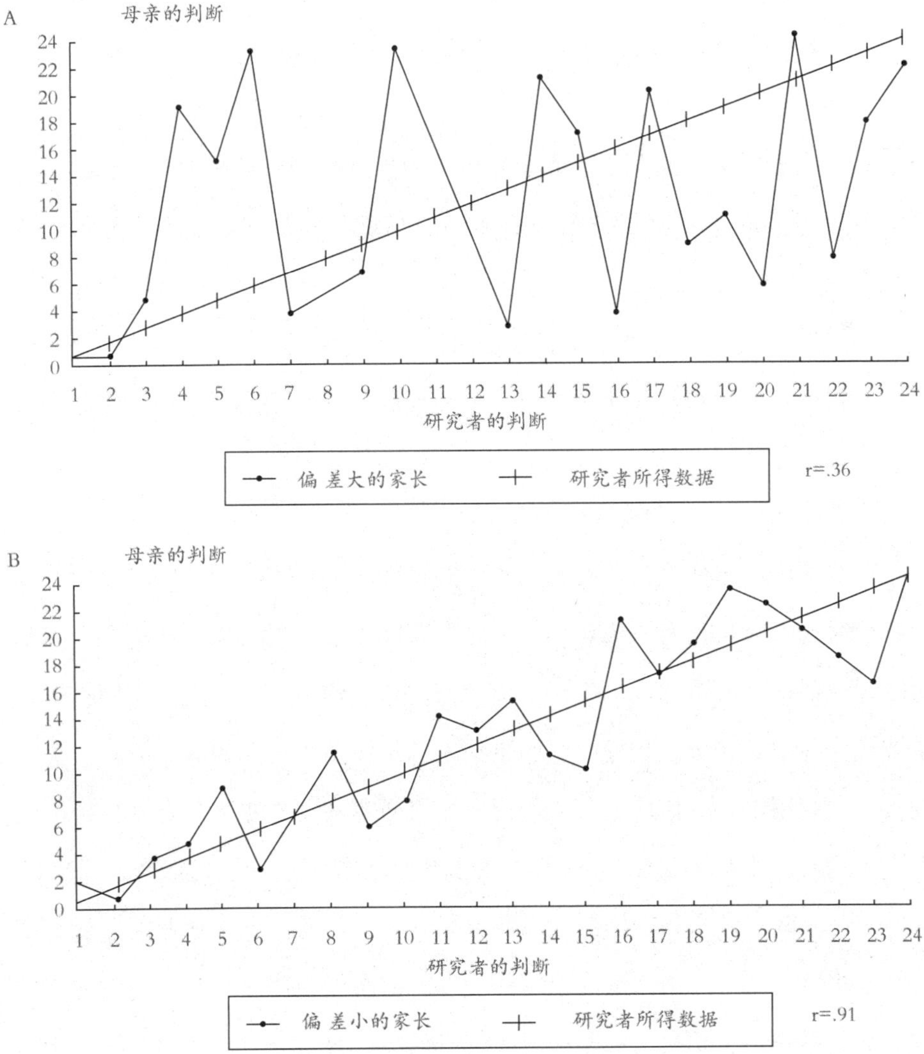

图4-2 研究者的判断与家长的判断的对照（Tamis-LeMonda & Bornstein,1996）
(A偏差大；B偏差小)

◇（4）社会文化背景对儿童游戏的影响

父母背景文化多种多样，存在着很多差异。即使是同一个文化圈，也存在不同的亚文化（如美国，种族、阶层的差异就非常大），或者即便都是发达国家，美国和日本的文化也大不相同。尽管人们在幼儿的价值观、行为上，存在着许多共同点，但不可否认也存在着不少差异。

有研究显示，不同阶层家庭的儿童，其假想性游戏的数量也相应不同，处于中上层家庭的儿童，假想性游戏的数量和水平都相对较高，这或许是由于处于不同社会阶层的家长所拥有的儿童游戏的知识量不一样而造成的吧。

不同的文化对儿童游戏的影响也许是客观存在的。父母在进入育儿期后，开始接触符合自己文化的育儿习惯和思想，再从中选择最适合自己的那部分育儿理念，特别是家长最容易、最有机会接触到代表他所处的那个社会的主流文化，其育儿思想必然会受其影响。

在对美国和墨西哥父母的育儿意识的比较研究中发现，美国父母大都相信游戏对儿童成长具有积极作用，而墨西哥的大多数的母亲都认为游戏只不过是娱乐活动，没有什么知识性价值。与此相对应，调查发现：美国孩子的游戏伙伴常常是父母，相反，墨西哥孩子的玩伴多为兄弟姐妹；游戏中美国的父母会运用引导或辅助的方式进行，而墨西哥的父母更多的是发出指示和命令；美国父母进行假想性或合作性的游戏比起墨西哥父母要多得多。

在这方面，日本与美国的比较研究也不少。日美两国在产业的发展水平上极为相似，民众的生活水准也不相上下，但两国在历史以及文化思维方式方面显著不同，因此从两个国家的比较研究中，很容易看出文化思维方式对儿童游戏会产生什么样的影响。日美比较研究结果显示：日本的父母重视建立亲子间的密切关系，特别强调建立亲子间的相互依赖关系的重要性；与此相反，美国父母经常引导孩子去关心身边的事物，重视通过言语对话向孩子传递信息，以此去促进孩子在身心方面、语言方面的独立以及自我意识的形成。研究还发现，美国的母亲对孩子探索事物的互动比较多，互动的内容更多地表现在引导孩子关注周围事物，而日本的母亲常附和孩子对母亲本身的要求，互动的内容拘泥于促进亲子间的相互作用。

日美的比较研究结果还显示出两国亲子间的游戏方式存在差异。对于月龄是13个月的儿童，日本的儿童与美国儿童相比，针对自己或针对他人的假想性玩耍比较多，日本的母亲也比美国母亲更多地引导自己的孩子对他人的模仿，而美国母亲更多的是引导孩子进行非假想性游戏。对美国人来说，游戏或游戏中使用的玩具很容易成为交流的话题，而日本人更多的是把游戏或玩具作为两人交流的媒介，比方说，日本母亲会对孩子说“宝宝，给娃娃吃东西吧”等，以此来促进儿童的想象能力，而美国母亲常会对孩子说“宝宝，推一下汽车试试看”，以此来发展孩子探索物体的结构或功能的探索性游戏。

◇（5）儿童本身对游戏的影响

不同儿童的不同特性，常能引起父母做出不一样的应对。从这个意义上说，父母也会受到来自孩子的影响，儿童的智能发展比较快的话，家长往往会相应地做出高水平的应对。一项从13个月到20个月的儿童追踪调查发现：在这7个月里，假想性游戏水平得到提高的儿童，其父母在和儿童的亲子游戏中假想性游戏的水平也得到提高；相反，假想性游戏水平进步不大的儿童，他们父母的假想性游戏水平也未获得提升（参见图4–3）。另外，对游戏和语言的掌握进步迅速的儿童组与进步迟缓的儿童组进行比较，发现初期阶段两组儿童的家长的行为没有显著不同，但随着时间的推移，进步迅速的儿童组的家长，与孩子互动频繁，表现出了敏感、灵活、正面情感，而进步迟缓儿童组的家长，对如何应对孩子的缓慢发展感到无处着手，也很难积极、持续地参与孩子的活动。儿童发展的相异性，尤其是在各个智能领域的差异性，会对家长提出什么样的要求和期待呢？学术界对此尚无定论，这也是今后的一个重要研究课题。

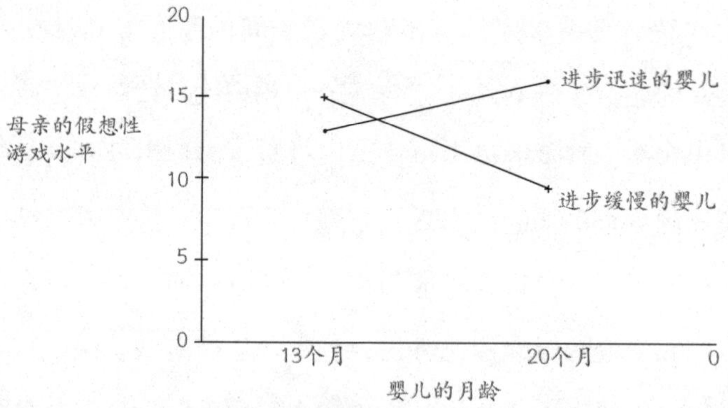

图4-3　母亲的假想性游戏水平的变化（假想性游戏增加与减少的儿童比较）
（Tamuis-LeMonda & Bornsteln,1996）

以上参考美国学者的研究，以儿童智能发展为重要标志的假想性游戏为例，分析了影响假想性游戏的一些主要因素。父母以及其他的环境因素明显地影响着儿童的智能发展。虽然在一定程度上，儿童的发展成长基本上是按照一定顺序及阶段进行的，但不可否认儿童之间的个性差异也非常大这一事实。

虽说如此，但我们也不能仅此就立即得出该不该对儿童实施早期教育的明确结论。这是因为我们在这里探讨的只是日常生活中亲子的互动以及环境诸要素对儿童发展的影响，如果希望有计划、有意识地对孩子进行教育的话，那么就需要找出日程生活中对儿童发展起到促进作用的诸多因素，然后集中将它实施于儿童的教育中。当然，如果是亲子互动等日常生活中就能实现的行为，为何特意安排到早期教育中去实施？其必要性遭到了一些人的质疑。

接下来我们讨论的视野从儿童游戏扩展到儿童一般的智能发展，分析和讨论各种环境因素对儿童的一般智力发展产生什么样的影响。由于考察的视点不同，我们或许会得到更多的有关儿童教育方面的知见。

3. 影响儿童智力发展的环境因素

整体环境对儿童的智力发展起到什么样的作用呢？如何改善环境才能使儿童的智能得到正常发展呢？迄今为止，在这方面的研究中最有建树的当属麦克维可·亨特。从当今的视点看，亨特的研究看起来有点古典，但他的研究至今仍然具有重要的参考价值。

生活在日本早已销声匿迹的、连一个像样设备也没有的、破旧不堪的旧式婴儿院里的儿童，他们的智力发展大都相当迟缓，这一点早已成为众所周知的事实，国际社会也一直试图改善这种不公平的现状。亨利曾对位于德黑兰的一所婴儿院进行了调查，对该婴儿院收容的婴儿智能发展情况进行了检测，调查并分析了这些婴儿智力迟缓的状况。后期的研究则主要对这些婴儿的日常实际行为进行了观察。

该研究首先对在环境、设备上没有做特别改善，也就是对保持原状的婴儿院的儿童的智能发展状况，进行了历时一年的调查，并把这群婴儿命名为第一组婴儿，作为与后面其他组别进行比较的基准。由于旧的婴儿院儿童智力发育特别迟缓，随后对该婴儿院的设备、环境等进行了改善，把环境改善之后的婴儿院婴儿分为以下各个小组。

第二组婴儿在保姆保育方面与第一组相同，但第二组丰富了对婴儿视觉、听觉方面的刺激，给婴儿们播放音乐或播放模拟母亲的讲话录音。调查对象为出生后6周到14周的婴儿，在他们的床边安装扬声器，在儿童的手腕上绑上带子和电子开关，婴儿只要一动手腕，就能听到音乐或模拟的母亲说话的声音。并用同样的方法对婴儿的视觉进行刺激，具体做法是，在婴儿床边安装了活动玩具，儿童只要一动手脚，活动玩具就活动起来。但是，由于当地的一些客观原因，这个研究计划未能坚持到最后，中途被迫放弃。

第三组婴儿增加了护理人员，保姆与儿童的比例从原来的10：1增加到3：1，这样婴儿与成年人的接触时间大大增加。

第四组与第二组的干预方法相同，但在视觉、听觉的刺激方面进行得更彻底、更丰富。

第五组对保姆进行了有关促进幼儿期儿童智力发展方面的教育，让她们使用保育的方法。并且，儿童与保姆的比例增加至3：1甚至2：1，为每个保姆指定了婴儿，将婴儿交由她们保育。

对上述五个小组的评价标准，是看到达智力发展最高级别的婴儿人数，也就是达到婴儿期结束时智力发展水平的人数。在第一组婴儿和视觉、听觉刺激半途而废的第二组的婴儿中，到达符合婴儿智力发展的几个标准的数量极少，达到最高级别的儿童的平均年龄为3岁3个月。第三组是保姆没有受过专业训练的一组，但该组保姆照看的婴儿人数比较少，其结果是在所有项目上达到最高级别的婴儿平均年龄，均低于第一、第二组。第四和第五组的结果大致相同，即达到最高级别的婴儿平均年龄也都低于第一和第二组，保姆受过专门训练的第五组的婴儿，达到最高级别标准的婴儿年龄比第三和第四组还小。

在运动发展方面来看，第一组和第二组的婴儿在15个月到20个月，可以开始进行抓住站立然后转动等动作。第三组的婴儿在41周的时候就学会了该动作，与比前两组的婴儿平均早了7个月左右，但第三组婴儿在声音和语言方面发展较慢，即使长大到11个月之后，仍不能模仿发音（而一般的婴儿在出生后3到5个月就可以做到这一点）。这也许是由于保姆没有养成和婴儿进行语言交流习惯的缘故。为此，研究人员对一部分儿童每天进行了几分钟的声音模仿训练并持续了1周左右。保姆们照此模仿，随后婴儿模仿发音的能力有所提高。

4 改善环境的研究对早期教育的启示

亨利等人的研究得出了以下重要结论：一是在极度缺乏刺激、几乎没有互动对象的环境中成长的儿童，其身心发展比较迟缓；二是在有丰富的刺激、频繁的互动、温馨氛围的环境下长大的儿童，其身心发展的各个方面都会得到很大改善。为了使处于不利环境下的儿童的身心得到发展，我们如何去改善环境？如何对他们进行教育？在这些方面，亨利的研究具有很大的参考价值。但是，这样说是不是就意味着可以将亨利的研究结果直接应用到早期教育上呢？回答是否定的，因为事情并不是如此简单。

美国的一些研究认为，在胎儿期用超声波扫描胎儿，有利于孩子出生之后母子亲密关系的建立。还有一些研究主张，用手触摸未成熟儿（如用手抱着未成熟儿），有利于未成熟儿今后的身心发展。日本是否也需要这么做呢？实际上，在日本几乎所有的妇产科医院，都普及了让母亲通过超声波观察胎儿的做法，用手触摸未成熟儿的做法也很普遍。在此基础上，再进一步强化母亲与胎儿的交流，不会有更大的效果。

亨利等人的研究对象，是一些极度缺乏环境刺激，缺乏来自成年人的语言交流的婴儿，所以增加环境刺激，使用应答玩具或发出模拟成年人声音的游戏机等方法，对促进婴儿身心发展方面的效果非常显著。但由于类似的方法在普通的日本家庭都已经开始采用，所以即便把它们作为一种教育，更加强化对婴儿的刺激，也不会对婴儿的智能发展有更大的帮助。

在本章的前半部我们介绍了伯恩斯坦等人的研究，这些研究的结果说明，即使是同样的中产阶层的家庭，家长的育儿方式以及其他环境因素不同，婴儿的智力发展状况也不同。在这方面已经做得很好的家庭，希望通过加大教育活动的力度来取得到更好的效果，这样的愿望是否可以实现，我们不得而知。比如，如果为了增加教育活动而减少原本非常温馨的家庭氛围，其效果会适得其反，同样，增加家庭的温馨氛围也需要在长期的生活中逐渐改变，这比短时间内的突然变化要好得多。每天硬性增加10分钟有声玩具等游戏时间，不如在给儿童换尿布或喂奶的时候用亲切的声音和婴儿说说话或向婴儿微笑，或用微笑回应婴儿发出的咿呀学语，或在儿童哭泣时及时找到原因，这些都是改善婴儿期到幼儿初期婴儿成长环境的重要内容。

第5章　两个早期教育实例

常常被人们挂在口中的早期教育，其实种类繁多、五花八门，我们也难以弄清现实中是如何开展早期教育的。家长也许通过偶然的机会，参观了一两次早期教育活动，而有学者、有组织、有系统进行的早期教育调查却非常罕见。作为局外人以一些片面的报道或以部分印象来判断早期教育，也常常引起人们对早期教育的误解。虽说一些早期教育看起来像私塾教育，但还是有别于对大孩子的教育，不一定都是斯巴达式的严格管教，即使采用的是死记硬背的教育方法，有时儿童们的表现也出人意料，他们学得津津有味。

在第一章里，我们介绍了一些临床心理学家的研究报告，从中看到了因过度的早期教育而导致儿童出现心理问题的几个早期教育危害实例。本章主要举两个并不十分严格的早期教育事例来加深对早期教育的理解。其中一个是教授读、写、算的私塾，另一个是面向幼儿发行的包括智力的早期教育在内的综合性教育杂志。两者都被认为是面向婴幼儿的早期教育（虽然后者并未承认这一点），在日本都具有非常大的教育市场。两者都大力宣扬早期教育的各种好处和重要性，这对以盈利为目的的机构来说无可厚非。比如宣传中提到早期教育能让儿童的个性和学习能力得到大幅提高，但实际上早期教育的方法各种各样，宣传中所提到的教育方法果真适合儿童吗？实际上早期教育的效果确实像宣传的那样吗？这些都很难从吹得神乎其神的宣传文章中得到正确判断，因此我们有必要去具体分析他们实际上使用了什么样的教材，采用了什么样的教育方法。

1. 教授读、写、算的私塾教育实例

有一份关于私塾的教育教学的研究报告（砂上史子撰写的硕士论文）。该研究以在公文式学习塾[①]学习的婴幼儿为调查对象，对那里的婴幼儿的学习场面进行了详细的观察和记录。公文式学习班是通过出售联营经销权的方式经营的私塾，教育对象为0~6岁的婴幼儿，主要指导儿童的算术和数学的学习，也教授国语和英语，据说在公文式学习塾学习的儿童高达100万人。公文式学习塾使用一套系统的自编教材，首先在学习塾里，让儿童做题，然后教师对此进行评价、打分，达到标准的儿童进入下一步的学习，这是公文式学习塾的基本教育原则。具体地说，儿童对公文式学习塾总部编制的试题，能否获得满分，还有能否在规定的时间内完成答卷，以这两个标准衡量儿童的学习进度，从而决定儿童该不该进入下一步的学习。学习方法基本上以学生自习为主，遇到难题时再请教老师，一般不进行集体授课，儿童每周两次到公文式学习塾接受学习指导，其他时间在家里完成学习班布置的作业。

公文式学习塾有一个“量身定做式学习”的口号，让学生从彻底掌握以前学习内容的基础上出发（即让儿童从一个完全与其能力相匹配的起点开始学习），每个阶段的学习都要扎扎实实、步步为营。据说由于儿童做的练

① 公文式学习塾是以创业者高中数学老师公文公名字命名的学习塾，公文式的教育方法被日本的许多小学生所接受，在日本国内公文式学习塾到达16 800家，学生数为148万人（2011年的统计数据）。——译者注

习和试题与学生的学习能力相符合，难度恰到好处，所以做练习的兴致特别高，也能学到不少东西。算术的例子最能说明公文式学习塾的教育方式，由于计算有明确的答案，而且计算的步骤、过程也容易判断，所以他们把算术作为辅导儿童学习的主要科目。公文式学习塾注重儿童的计算，也就是儿童能得出正确答案就行了，不太在意儿童解题的理由，因而让儿童机械地去记忆解题的步骤。在对幼儿期孩子进行的语言教育方面，重视儿童能尽早阅读文章，为此把教育的重心放在识字方面，训练儿童正确无误地快速阅读课文，同时在儿童的早期阶段教授他们练习写字。

该研究选择了一所有35名在籍学生的公文式学习塾作为观察对象。该学习塾对3岁以内的儿童既集体授课，同时又发放资料让他们独自学习。3岁之后的儿童几乎都是通过学习发放的资料而进行独立学习。共同授课（班级教授）是为了儿童独立做资料中的练习而设的一个过渡阶段，其对象以3岁以下的孩子为主。

砂上史子的研究为我们举出了能反映该学习塾的几个小插曲，由此看出该学习塾的一些教育特点。特别是这些小插曲描述了好几位儿童的学习情况，因而具有一定的代表性。调查报告是从介绍学习方式开始的（作为私营企业，能把自己的教育状况作为研究资料提供出来并不多见，在此表示敬意）。下面的内容是在砂上史子调查研究基础上整理而完成的。

◇（1）借助活页习题集的学习

①一个3岁女孩在做活页习题集中的习题时，开始注意起这天尚未完成的活页习题集的页数，也许因为有朋友在等她玩，她显得很不耐烦地说：“这是（指的是活页习题集）今天要做的呀？”“收起来吧，累了。”“这是什么呀，我不会。”然后又对着自己要做的活页习题集厌烦地说“烦死了，这么多”。听到老师对她说“收起来也行”的时候，就说：“那收起来吧。”于是

小女孩就在老师的帮助下把活页习题集收到了书包里。

②一个4岁的女孩完成几页公文式学习塾发放的活页习题集后，看到妈妈又拿出几张算术题的活页习题，就不停地摇头说不想做。孩子对着一旁录像的镜头笑着说："我做完了。"妈妈把国语活页习题拿到女孩面前时，女孩不高兴地又把它推开，最后还是满脸不高兴地开始做起来。听母亲说每天完成的作业数量尽量由孩子自己决定，家长一般采取不干预原则，但最近活页习题集上的数字及文字多了起来，孩子开始感觉到学习有一些负担了。

③另外一个4岁的男孩，要完成5页纸的活页习题。他先做了一个国语的词汇接龙题[①]。然后说："我还想做一页接龙题。"妈妈说："5张一套，把这5张都做好才行。"孩子在从公文式学习塾回家的路上，对他妈妈说想顺路借一盘录像带，可妈妈不允许，于是男孩回到家做活页习题时就磨磨蹭蹭，显得很不高兴。孩子对着算术活页习题说"只做一张"，妈妈回答道："不行，这个也要做。"并要求孩子继续做下去。

④有一个喜欢画画的3岁男孩，一边做着算术的活页习题，一面嘟囔着"真难呐""我想出去玩"。老师把准备好的图画本拿出来，男孩放弃了继续做活页习题，在上面画了一部带顶棚的汽车，车棚上载有一篮苹果，还自言自语地说"放到缝里，啪啪啪""呀，苹果进到篮子里了""老师，看，飞机"等话。嘴里边描述边画着。老师让孩子在图画的下方写上日期，并要求他写上飞机的平假名，孩子就在自己画的飞机的旁边写上了飞机的平假名"ひこうき"。

还有很多类似的小插曲，但从这些能看出什么呢？可以说通过每天做规定数量的活页习题，可以达到培养孩子按要求完成规定内容的学习习惯。这些学习内容有时会成为儿童的负担，有时家长或教师督促起来也不太容易。

---

① 日本儿童常用的语言文字游戏，用前一个人所说的末尾的一个音（字词）作开头另造一词，依次接下去的游戏。——译者注

有时奖励，有时表扬，有时强行要求，有时还有奖赏。在这里，学习就意味着消化了多少张活页习题，这种教育值得肯定还是应该受到批判呢？这也许仁者见仁、智者见智。但有一点可以肯定，就是尽管儿童是在老师或家长的严厉督促之下去做活页习题，但对孩子来说也谈不上是一件特别痛苦的事情，也不一定是一件特别严酷的事情。有时我们还能看到他们做得很开心，因为只要把规定的活页习题做完了他们就感到特别的高兴。

但同时对这个年龄段的儿童来说，做活页习题集本身就相当于某种学习，它肯定不像游戏那样，可以在快乐中高高兴兴地去完成它。我们一般也不能说这样做就一定不好，虽然在孩子很小的时候就强迫他学习，但最终让孩子达到了学习的目的，所以这是件好事。只不过在这里，很难容忍用游戏方式引导儿童快乐学习。

当然，家长和教师也没有把这种学习当成游戏来引导，他们反而不断提醒孩子：必须做、每天都必须做、每天都要做完规定页数的活页习题集，其实就是给孩子定下一个学习规矩，让孩子承担学习的义务。当然，作为妥协他们同时还尽可能地满足孩子的一些要求，但要求孩子做好本分之事的态度始终不变。

◇（2）“解答”优于“理解”的教育方式

①一个6岁的男孩在解答一份中学程度的数学试卷。他在遇到一道含有分数的一元一次方程式题“X×1/2=1/3”时，不知道如何解题，就问老师“怎么求X呢？”老师以3×2=6为例，问他如果“3是X的话，该怎么去求X呢？”，男孩回答说“应该用6÷2来求”，并接着说：“奶奶说求乘法的时候用除法，求除法的时候用乘法，求加法的时候用减法，求减法的时候用加法。”老师听后赞叹说：“你奶奶好棒啊！所以不要过于拘泥公式，按最简单的方法去想就能很容易理解。”接着孩子又问：“那如果求除法呢？”妈妈赶紧说“先

别想得太多”，老师接着说“你以后会逐渐明白的”。旁边观察孩子学习的研究人员问男孩：“是不是觉得很难？”男孩回答说：“不难。”研究者又追问：“很简单？”男孩答道：“可现在还不太熟练。”

②一个5岁的女孩在做活页习题集中的“？+2”的算术题。女孩一边做一边大声念道“6+2，不算6，得7，8”，“3+2，不算3，得4，5”，“…+5，不算5得……”。听到这里老师说：“算上5也行呀，算上5也行，真可爱。”在旁边观察的研究者问：“教孩子加法的时候，要求说成“~+2，不算~得~吗？”妈妈赶紧说：“我也是按老师的教法教他的。”老师又接着说：“没问题，但直接数‘5，6，7’也行。”妈妈又接着说：“我也让她不要说那个‘5’。”老师又说：“这个没关系，没关系，会得出答案的，没关系，‘9+2’的情况，不要下面那句‘不算9’，就直接说10，11会快一些。”于是这位女孩马上就说自己明白了：“我也会算，太简单。”9+2得“9，10，11”，加上了被加数的“9”，妈妈马上接上说：“还是老师教的方法快。”

这些小细节最能反映这个公文式学习塾的教学特点。在其他方面也一样，对儿童提出的问题，一般不详细说明其中的缘由，而是反复说明得出答案的方法，或者重新返回到前面的学习内容，从头再学一遍。如何评价这种教学方法，这要看是重视算术、数学的计算结果还是优先重视其中的道理。但是至少在这个年龄段的儿童，虽然可以完成一定难度的计算，但不一定理解其中的道理，有一种理论认为先记住计算方法，其中的道理以后会自然而然明白，这样的说法的确有点牵强附会。尤其是要求儿童背诵计算过程，并认为这是学习算术的基础，这样的学习基础能否有助于以后理解其中的原理，就不得而知。但如果认为只要学会计算就行，上述的教学方法也就无可厚非。

下面是一位小朋友学习语文的实例，用这样的教育方法就很难说是为了丰富儿童的理解力。

③一个4岁女孩正在努力完成题为《尾巴钓鱼》故事的朗读、大意的抄写以及根据课文内容回答“是”或“不是”的习题。女孩在结结巴巴地读着：“猴子的尾巴冻得结结实实，动也动不了。”当她看到插图中的猴子因拼命地想把尾巴从冰中拉出来而流汗的样子就说：“啊，猴子尾巴动不了，是因为猴子太热了。”妈妈纠正孩子的话：“是因为被冻住了！”并向孩子朗读文中的“被冰粘住了”。孩子接着问：“为什么呢？”妈妈一边指着活页习题集中的插图，一边读着课文：“因为时间一长，放在水里的尾巴被冻住，动弹不得了。”孩子听后，觉得很惊讶，倒吸了一口凉气，又问：“接着会怎样呢？”妈妈用手比画出刨冰的手势。孩子又接着问：“然后呢？如果打个洞的话，会怎样？猴子会掉下去吗？”孩子接着继续读：“猴子无论怎么拔，尾巴就是不动。”活页习题集的问题是“猴子的尾巴动了吗？”孩子紧接着就说“没动”，一边说一边在选项的答案的“不是”上画了一个圈，并自言自语地说道“猴子真可怜”。

在这个例子里，家长也按着活页习题集的要求让孩子读了文章，然后回答了文章后面的问题。孩子虽因插图的原因出了一点小误解，但仍能发挥想象力，过程也充满着乐趣。但公文式学习塾的教育理念，儿童上述的活动被认为是多余的，对儿童解答问题没有帮助。这是因为使用活页习题集的学习目标就是会朗读文章、抄写以及能正确回答文章后的选择题。

从以上幼儿教育的几个小插曲可以看出公文式私塾的教育方针。虽然不否认同样的公文式学习塾，会因老师和家长的不同，在教育方法上有所差异，但该学习塾并不想过分地强求儿童学习，而且在计算、文字的读写等方面的早期教育上也获得了一定的成功。但对儿童来说学习不总是一件充满快乐的事情，或许有一种小小的年龄就必须学习的感觉。话又说回来，儿童在公文式学习塾的学习并不是一件极其痛苦的事情，公文式学习塾采取了小步前进的学习方式，将整套教材细分成多个阶段，尽可能地减小了学习阶段间的落差，就像在那里学习的孩子们经常所说的那样“好简单、好简单”。但按这样的步骤进行学习，儿童对知识有多大程度的理解？这值得怀疑，从上面的小插曲中，我们看不到教师有意图地去促进儿童对数学的理解，在文字的读写的教育方面，也很难看到儿童愉快地学习、有效地学习。当然，如果对没有机会接触书本的孩子来说，用这样的活页习题集做引导也不是一无是处。

2. 面向幼儿的综合教育杂志的分析

贝乐思发行的面向幼儿的名为《孩子的挑战》的杂志中有一部分是写给大龄儿童的内容，被称为“跳跃”，下面对这部分内容进行分析和考察。在日本，函授教育杂志不少，但这份杂志在日本函授教育界最具实力。

这里以手边的一本1997年9月号刊为例予以说明。该杂志的形式与其他期号几乎完全一样，副标题是“拓宽体验场所，培养感性丰富的想象力”，不尽是讴歌早期教育的内容。在供家长使用的家长手册上写着“培养潜在学习能力”，内容中没有像上述那家公文式学习塾那样把掌握计算和文字读写的技能设定为教育目标，而是以达到综合能力为目的。当然，这样的目标在纸面上能否实现另当别论，这也正是我们想探讨的。实际上在日本家庭里，家长与孩子如何具体利用这本杂志虽然不得而知，但一般的做法是家长读给孩子听，遇到问题的时候再让孩子去思考和解答。

该杂志还根据不同的主题分别设立了几个阅读之窗，以下逐一进行分析。另外，该杂志还附有录音磁带，对每个阅读之窗进行解说，儿童可以跟着磁带录音朗读文章，这样就不需要家长带读了，但也许大多数家长还会陪着孩子学习。

① “探险队”

第一个阅读之窗称作“探险队”，它提供了有关社会环境的信息。这一期的主题是废物利用，用图片展示了从儿童把用完的塑料瓶捡到专用的垃圾回收箱，到废弃的塑料瓶再利用的整个废物利用的循环过程。其中介绍了塑料瓶是如何被制成玻璃线，如何被制成了服装、文具、容器等物品的再利用过程。接着，还用图片展示了废弃的易拉罐、牛奶盒的再利用过程。最后，在附录里还展示了如何利用使用过的牛奶盒制作鳄鱼宝物箱和笔筒的制作步骤和过程。

家长手册是这样说明的：

“本月以塑料瓶、金属罐、纸盒等废物的利用为主题，介绍了分类回收以及经过不同工序的再加工步骤。其中包括再生出同样物品或不同物品，目的是让小朋友明白垃圾再利用可变成重要资源的道理。最近提倡从幼儿开始加强对废物利用的认识，希望孩子能以此为契机加深对此话题的理解。”

通过以上内容可以看出这家杂志的确不是专门的早期教育刊物，尽管正如后面提到的该杂志也登载了有关读、写、算的内容，但从整体上来看，它涉及的内容领域极为广泛。当然，给幼儿提出诸如废物利用等在内的如此有难度的信息，并配带明确的语句和图片，这样的做法是否妥当值得讨论，而且这些图片是否适合幼儿的智力水平也令人怀疑。

②“这是什么工作？”

该杂志还登载了一幅糕点店叔叔的照片，家长手册的内容如下：

“本月我们设定了孩子非常喜欢的糕点店的话题。制作蛋糕需要用到很多工具，以此让孩子了解制成蛋糕是要使用很多工具和经过很多工序才能完成的。”

③“对话广场”

这是一个名叫“咪咪”的小猫买东西的故事。咪咪从菜店买来的南瓜滚跑了，熊先生把它做成了菜，然后赔了咪咪一个新南瓜。咪咪和朋友抬着南瓜往家走，可新南瓜又滚跑了，这次滚到了咪咪家，大家把它做成了南瓜蛋糕，一起吃了蛋糕，故事就结束了。这是一个有趣的故事吧？附带的磁带配有录音、歌曲、音乐等，可以代替家长朗读和讲解。

④“讲话游戏、声音游戏”

这是语言和文字的指导部分。题目是“倒过来，变身！”内容里举一些可倒读的词，即正向和反向都是一个词的词汇。把平假名涂上颜色，使它们容易辨认。故事说有一个叫里皮的孩子写日记，用4张连续的插图和文章展示这个简单的内容。游戏目的并不在于文字的读音，而是熟悉用文字所表现的词汇和文章内容。

对家长的要求是这样的：

“这里列举了一个会话的游戏。家长可以让孩子跟录音朗读，还可以让孩子自己一字一句地进行朗读练习，目的是让孩子产生对对话的亲切感，提高对话的自信心。”

这里虽然提到的是小话题的练习，但在家长手册里却明确了对文字朗读的练习目的，似乎带出了一点早期教育的色彩。

⑤“做得好，大孩子”

这是以培养孩子生活自理能力为目的的阅读之窗，讲的是帮妈妈干活的话题。文中的主人公是著名的动漫人物“岛次郎”。手册中提出了在帮忙摆放饭菜的时候，应该如何摆放饭碗、汤碗、筷子、菜盘的思考题。动漫中主人公的妈妈在教孩子“饭在左，汤在右，筷子在胸前”等正确摆放饭菜的方法。在文末还设置了一个专栏，配以及幼儿也能胜任的各种帮忙做家务的插图，还不忘提示孩子：“小朋友，你会帮妈妈做家务吗？请试着做做各种家务。”

⑥用英语说“你好”

这是英语的阅读之窗部分。一边听录音，一边看公园的景色，回答“Where is Tommy？”之类的问题。同样的还有运用Where句型，进行诸如“找香蕉”等之类问题的英语会话练习。

⑦“不可思议的自然科学”

这是科学部分的学习内容。本期杂志以水稻生产为主题，内容涉及从插秧、收割水稻到制成米的整个过程，还列举了如何烹饪的实例。

⑧“挑战问题”

儿童回答各种问题，然后儿童将答案邮寄到杂志社，杂志社再把信息反馈给儿童。本期的问题有三个：第一个问题是语言表达部分，“请告诉我们你喜欢的食物”，此题没有正确答案。第二个问题是认识立体的基本形状，有正确答案。第三个问题是写假名，即选择一个符合图形的平假名，然后用文字描述这个图形。

⑨“挑战手册”

该杂志还有一个附刊，附有一本练习册，包含平假名的读写、图形、迷路、算数、找同类物体、语言游戏等内容。此外，还有动手游戏，把剪纸剪下后拼成火箭等。另外还有比较动物的脚印和自己的脚印、猜乐器的名称等问题。如果以主题分类的话，附刊涉及文字、语言、数字、形状、数量、智慧（迷路、找同类物体）等不同的课程（同时也附有家长使用的指导手册）。

由上可知，从整体上看，该函授教育杂志与其说是一本早期教育杂志，还不说更像以前日本的幼儿园每月发给儿童的杂志，综合性杂志的个性更强，有些内容看起来似乎与小学的学科科目的学习有关。即使是幼儿教育阶段方面的内容，也没有把重点放在辅导幼儿学习语言、算术上，还有社会、自然等方面的知识，以及通过做家务促进儿童自立等内容，而且这方面内容所占的比重还非常大。同时，不管是哪一个阅读之窗（专栏），都包含教导做人道理的内容，试图肩负训诫儿童、提升儿童教养的目的和任务。另外包括附录在内，文字或数字等方面的学习内容也占相当大的比例，早期教育的色彩也比较浓厚。杂志中学习内容的难度，每月逐步增大，但进度比较慢

（因为难度太大、进度太快，跟不上的儿童必然增多，从而影响杂志的销量）。它是以杂志方式寄送的，为了帮助家长教孩子读书、做习题或手工制作，附带磁带起到了一定的辅助作用。总之，这本杂志不具有严格意义的早期教育的内涵，但具有试图引导家长对孩子进行早期教育的倾向，对于想知道如何管教孩子、如何对孩子进行教育的家长来说，会有很大帮助。

第6章　体育运动的早期教育

为了更好地探讨早期教育中出现的学校式体育教育的现象，本章重点对基础阶段的婴幼儿的运动学习方式进行分析和考察。

1. 体育运动的早期教育的是与非

一些早期教育机构纷纷开设了诸如游泳、体操等体育课程。在讨论这些体育运动方面的早期教育是否妥当之前，有必要认真思考一下在婴幼儿期，婴幼儿身体运动智能的发展本质和内涵。的确，在许多游泳培训班里，常常看到年幼的儿童也学会了自由式游泳，这虽然与幼儿及教练的素质都有关系，有的孩子上手快，有的孩子上手慢，游泳水平的好坏也不一，但如果按每周一次的训练频率计算的话，一年或三年下来，大多数的孩子基本上都能学会游泳。不少人都认为像游泳这样的运动项目最好在成年后开始学习。但游泳有益于健康，能学会游泳不是件坏事，并且如果学习游泳过程不是特别辛苦，这种事情也没有什么不好。学习游泳是否辛苦，取决于个人的领悟力和教练的指导方式，我们有必要注意这一点，因为有的孩子由于过早受到了粗暴的游泳训练，结果造成了他们对水的恐惧，使他们在之后的很长时间里，不仅害怕游泳，甚至连水上游戏也很厌恶，这样的事例并不罕见。

需要说明的是，即使儿童在很幼小的时候就学会了游泳，但最终的游泳水平不一定比长大后才开始学游泳的儿童高。如果只是把游泳作为娱乐而为之的话，那么成年后开始学习就足够了，在一些专门为成年人开设的游泳训练班里有很多刚开始学习游泳的人，甚至经常能看到60多岁才开始学习游泳的人，他们几乎每天都在享受着游泳带来的快乐。但要想达到专业的游泳水平的话，那当然从小开始学习比较好，但即便这样，从孩子进入小学之后再接受训练也不迟。一些家长让孩子从幼小的时候开始学游泳的主要理由有两点：一是认为这对孩子的幼年生活具有某种重要意义，二是认为终究都要让孩子学游泳，还不如上学之前学（或认为小学的游泳教育过于随意[①]）等。那为什么很多游泳训练班仍然坚持严格的正规训练呢？这是因为许多家长担心一旦孩子掌握的游泳动作不够规范，长大以后就很难纠正。如果确实如此，就需要在教育方法方面下功夫，应该从另一个角度研究如何施教，考虑如何让婴幼儿更容易学会游泳才行。而如果是从游泳能锻炼人体的支气管等身体功能发育的角度考虑的话，那么可以让孩子每天玩水，这样做既简单方便，又能让孩子感到更快乐。

从更大的范围看，从幼年开始锻炼身体的运动项目还很多，比如跳箱、垫上运动，如果是婴儿的话还有锻炼步行等运动方面的早期教育课程。这些早期训练的意义何在呢？对于任何运动，只要使用特定的工具，按特定方法去训练，一般的儿童基本上都能掌握，重要的是要了解这些技能有多少是对孩子全面的发展有益，对他们以后的运动发展有什么样的意义。

就拿单杠运动来说，它是锻炼身体腾起时所需的肌肉、培养身体回环和转体时所需的灵敏度的运动，而且在旋转运动中也能感受到其中的乐趣。但如果对那些肌肉条件不是非常健壮，翻转要领掌握不到位，反复训练也不能达标的孩子来说，就需要更细致的指导。同时还要弄清这种面向幼儿开展的体操运动究竟有多大益处，对这个问题的研究一直没有一个明确结论。因为体操和游泳运动不同，体操并非是任何时期都适合的。就拿单杠来说，它所带来的快乐本身尽管不是坏事，但如果已经开始了其他项目的运动，那么这

① 日本文部科学省的学习指导要领（相当于我国的课程标准）规定，小学从1年级到6年级都要进行水上游戏以及游泳方面的教育，因此日本的小学生都要学习游泳，每个小学几乎都有游泳池等游泳设备。——译者注

个运动也就没有什么意义了。跳箱也好，平衡木也好，都是如此，这些并非是必须要掌握的运动，也并非是一定要在成年之前学会的项目，即便小时候没掌握，成年后也不会受什么太大的影响。而游泳则不同，如果没学会游泳或许就感受不到在大海里游泳的乐趣，或者一旦遇到不测又会危及生命。

体操类的运动与游泳不一样，虽然它可以作为其他多种运动的基础，但如果孩子不打算将来成体操专业运动员，学会体操并没有什么特别价值。当然体操是日本小学的体育课程项目，所以有些家长希望孩子从幼儿期开始学习，以便上小学后可以游刃有余地享受体育课的乐趣，这也是可以理解的。但话虽如此，即便在进入小学之后开始学习也可以如愿以偿，它并不是一定要在幼儿期开始。让孩子们尽情地在原野大地上奔跑，在大自然中多开展一些诸如爬树等运动就足够了。当然由于缺少这样的环境而用体操来弥补也未尝不可，我认为即便如此也没有必要拘泥于正规训练，最重要的是让儿童感受到快乐。

足球或棒球等运动特点也非常明显，与上述运动也不太一样。一方面，特别是对于男孩，由于常受到朋友的劝诱和吸引，学习踢足球、打棒球的欲望非常强烈，和朋友们一起从事这些运动的兴致也特别旺盛；另一方面，如果完全按足球规则要求儿童踢足球时，多数儿童又感到痛苦不堪。比如足球太重，踢过来的劲儿过大，孩子难以承受，假如勉强接住又可能造成伤害。原则上说，小学的棒球运动是不允许使用诸如变化球这种投掷方式的。据说在足球运动中用脚尖踢球是很危险的事情，而且儿童不容易理解足球的相关细则，严格按足球规则进行运动的话，许多孩子对足球就会逐渐失去兴趣，因此，以游戏的方式让孩子们踢踢足球应该是最好的一种选择。

对于婴幼儿的运动，一般不进行有组织的专门训练，用各种各样的方式锻炼身体是婴幼儿运动的基本途径。因此，婴幼儿运动不限于球类运动，运动时也不一定需要特定的运动器材，可利用树木等身边的一切可利用的东西去活动身体，这比什么都重要。婴儿在活动身体时，也不能仅限于平静地行走，还可以进行比如跑步立定、向后转、走台阶、跨越障碍等运动，只要身体活动起来，儿童兴致就能高涨起来，而且这些活动还能促进他们的运动发展。总之，在有起伏的草坪上，或在具备游戏设施的公园里玩一些诸如捉迷藏等游戏，就可以提高孩子的运动能力。如果儿童厌倦了的话，还可以让他们玩滚球或扔纸飞机、追赶纸飞机等。

婴儿阶段的孩子，在运动时需要成年人陪同和辅助，如婴儿学走路时，成年人需要经常鼓励和督促他们，如“喂、喂、这里、这里”或“好、好”等，或在旁边放上婴儿喜爱的东西，向婴儿喊“宝宝，来吧、来吧”。只要让婴儿身体动起来，他们就会觉得乐趣十足。因此，充分创造婴儿活动的机会，提供适合婴儿年龄特征、能诱导婴儿进行各种活动的环境，并经常带着婴儿到这样的环境、场所活动，这样婴儿的运动能力就会得到不断的发展。

以上就是本章的主要结论。下面以婴儿开始学习行走为例，从运动发展的理论对此进行详细阐述。行走是婴儿成长中最精彩的场面，它是如何发生的呢？如果对此进行指导和教育的话，那么采取什么样的指导方法效果最佳呢？或者说学走路真的是无师自通吗？它没有任何教育价值和必要性吗？

2. 关于人类行走特点及要因的分析

（1）婴儿行走的过程

美国发展心理学研究者泰伦（Esther Thelen）对婴儿行走的研究最为详细和严密，以下参考泰伦的研究结果，对婴儿行走的发展过程及要因进行分析。

婴儿正常行走，即像成年人一样迈开双腿行走，一般要等到满1岁到1岁半的时候。大多数婴儿在满1周岁生日前后，就能独立地站起来并迈出他人生的第一步。在这之前，婴儿的发育成长具有相同的顺序和步骤：最初用腹部贴地爬行，接着是用手和脚支撑着身体爬行，然后能独立坐起来，最后可以通过扶手或拉着大人的手迈步行走，直至自己能独立行走。人类之所以按固定的顺序成长发育或许可以说明是人的遗传基因在起作用，但还是无法解释人类是如何从一个动作派生出另一个动作的。比如婴儿期的孩子被大人举起时双腿会自然反射地做出摆动的行走姿态，那么我们能否从这个姿态上就认为这是人类向行走转换的出发点呢？人在控制身体的四肢时，需要保持一定的姿势，需要增强力量，这其中的关系又是怎样的呢？我们需要去研究孩子从一个动作向下一个动作转换时表现出的状态，以此说明行走这一运动是如何发生的，只有这样才能去创造环境，才能发现广义上的教育的可能性。

◇（2）新生儿行走运动的特点

人类两足直立步行，需要两腿交替并按一定的节奏向前移动来完成。一只腿抬起时，另一只腿需要支撑身体的重量。这种移动方式在平面条件下既稳定又具效率，但移动时会出现向上跳跃、摇摆或者跳着走的情形，遇到陡峭的坡度时，即便是成年人也只能采用爬行方式移动。考虑到人类这种行走模式，可以用图6–1概括人类行走运动的发展过程。图6–1自上而下显示了人类行走发展在时间上的顺序性，各种动作随着年龄增长依次得到发展，当学会了一个新的动作之后，这之前的动作并未消失，而是发生了分化。这个现象在图6–1地形图中就是谷沟部分，沟谷较深的地方表示动作模式稳定，而浅的地方则表示不稳定，平坦的部分表示该动作模式已经消失。

地形图上方的几条线条是孩子出生前的动作，由此可以看出，出生前和出生后的动作发展是连续的。通过超声波可以观察到胎儿在子宫内的踢动情形，图6–1正中间的浅沟部分显示的就是这个动作，曲线较浅表示该动作模式处于不太稳定状态，新生儿在出生后的几周内会反复出现同样的动作模式，婴儿在仰面躺卧时，会发生单腿的缩起和伸直，有时还会双腿同时踢动，原因是此时的婴儿伸肌力量较弱，腿部大多时间处于收缩状态，从而引起了把腿向外伸和把腿向回缩交替发生的动作。那么，为什么新生儿的屈肌远强于伸肌呢？这或许是因为出生前婴儿在狭窄的子宫内长时间持续地卷曲而造成的。人的运动发展就是这样连续进行的。

2至3个月的婴儿，四肢的功能开始协调发展。首先，婴儿整体动作的兴奋或觉醒的程度，决定了身体分配给用于踢脚的能量的多少。如果兴奋（觉醒）比较弱的话，就难以完成踢脚的动作模式；如果兴奋（觉醒）程度变强的话，动作模式发生转换，踢脚的动作就变得更频繁、更有力。

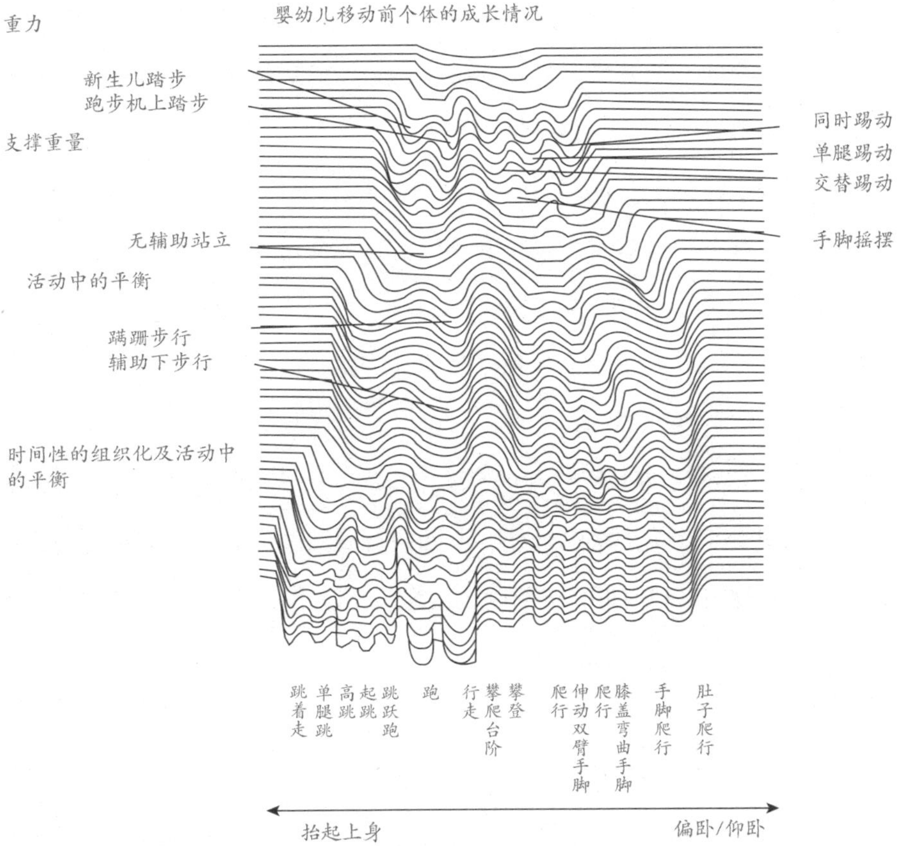

图6-1　行走的成长过程（Muchisky, et al.1996）

然后是重力作用。毋庸置疑人类的所有动作都是在重力的作用下发生的。比如，一个2~3个月大的孩子被举起时，他们的双腿就会做出行走的交替迈步动作，这个动作和在躺卧状态下一样，是在驱动神经和力气的共同作用下发生的，两者的不同就是重力作用发生了改变，站立时抬腿需要更大的力气。因此当孩子的腿部发育成长且有一定重量时抬起就变得困难，抬腿动作在几个月后就很少出现。但如果帮助他们去攀爬有坡度的木板时还会看到这种踢动的抬起动作，并能很容易完成攀登，这种情况一直会延续到孩子可以行走为止。

最后是在步行机的状态下可以观察到辅助状态下的婴儿双脚交替向前迈动的情况。由于步行机传送带移动时孩子的腿会向后伸，而且需要有收回的动作，在搀扶下就会形成迈步状态。

这样，孩子在出生后1~2个月的时间里要适应重力、力量、能力、滑动等环境变化，并在此后的日常环境中会不断进行腿部运动。有节奏的腿部踢动动作会逐渐趋于稳定并转变为力量。婴儿在2~6个月，双腿交换踢动或者单腿踢动等会基本稳定，接着会出现独立坐起等变化。当交替迈步方式形成并稳定后其他方式则不再出现。

婴儿到了0岁后半期，受到新的身体组织的变化，腿部的动作方式进入不稳定期。有节奏有规律的踢脚动作，开始向有意识的灵活分解动作转变，比如，会增加把脚跟放到嘴里之类的顽皮动作。

◇（3）支撑身体及爬行

当婴儿用腿支撑身体的重量时，就意味着他进入了一个新的状态，这时他必须解决控制身体这一新的课题。这需要肌肉、骨头的强度与身体之间比例的适当分配，从而影响以后的肌肉和骨头的发育。当搀扶着婴儿站立时，婴儿常常会勉强地一会儿把腿伸直，一会儿又把腿弯曲起来，还尝试着类似往前迈步的动作。婴儿在摸索各种力量之间的关系的过程里，去感受身体及平衡的感觉，并控制力量的分配，以免站起后倒下，或者进行脚部着地及离开地面时的力量控制。最后在有人帮扶下站立和迈步，直到达到高一级的保持身体平衡的姿势。

婴儿趴着时的运动发展方式则呈现出另一番情景。婴儿会尝试着通过双手和双腿的踢动或弹动来支撑体重，这样做的话，腿部和后背伸肌的合力增强，而屈肌的作用逐渐减弱。

婴儿为了抓到身边的物品玩耍，会用俯卧的状态支撑身体爬行。婴儿为了采取以腹部为支点的蠕动（Crawl），手臂就会朝腿部方向用力，拉着腹部往前移。而弓着膝盖使用四肢爬行的话，手与膝盖就必须交叉移动。婴儿能做出各种爬行动作，如将身体的一侧支撑起来的爬行，踢脚动作及手脚并用等各种组合的爬行，踢的动作为婴儿前行提供了力量。

◇（4）走向动力学平衡的行走

婴儿的运动发展到了以四肢爬行为主要移动方式的阶段，这一阶段将会一直持续到婴儿两足直立行走为止。婴儿行走需要一只腿支撑身体，另一只腿向前迈步，做到两只腿交替使用。婴儿要步行的话，就必须打破身体处于稳定的静止状态，身体的重量压在一条腿上，空出来的另一条腿向前迈步，此时，需要控制因惯性改变而出现的身体重心倾斜。做到这一点具有一定的难度，所以婴儿在学习步行的最初阶段，经常失去控制，而频频摔倒在地。为了缩短单腿支撑身体的时间，婴儿迈出的步子往往会短而快，并尽量加大移动面积，来协调身体的摇摆和支撑腿部的力度。婴儿通过3至6个月的练习，行走会变得平稳顺畅，遇到地面高低不平时也能做出相应的调节。

婴儿在学会了平稳行走的同时，也开始巧妙地有意图地根据不同的目标调整行走的步调，比如，跑逐渐从走中分化出来，跳和跃也从跳步中分化出来。之后，行走就成为婴儿最常用的稳定的移动方式，这是因为从解剖学上看，步行最适合人体构造，也或许是因为用空下来的双手可以从事其他活动的缘故。婴儿行走的同时，也可以根据需要做跑步、跳跃、上台阶等动作。跑步尽管和走路一样是双腿交替，但有时会出现双腿悬空的时刻；而跳跃动作是单腿加力推进，尽量迈出较大的距离，另一条腿处于着地状态；跃起动作则是两腿同时起动；单腿跳是一只腿反复向上运动。各种方式的组合移动，比如快跑与走和跳一样，是脚向前迈出的动作组合，连蹦带跳的动作是双腿交替向前迈出和随后跳跃动作的组合。

使用四肢爬行随着年龄的增长逐渐被淘汰，只在特殊的场合，比如攀爬台阶、陡坡或过障碍时，才会出现。匍匐前行或螃蟹式的移动在平时生活当中非常罕见，也只有在特殊情况下才使用这样的动作。

◇（5）引起婴儿运动智能发展的因素

图6-2显示了影响婴儿运动发展的主要因素，特别是在相当长的一段时期里引起婴儿运动发展变化的原因。婴儿在出生后，体内脂肪的比重急剧增加，到0岁后期开始减少。脂肪加重了腿部重量，从而抑制了腿部活动，使新生儿的蹬腿动作消退。而在跑步机上迈出的腿会自然伸出，不会影响迈步动作。婴儿肌力增强会产生两方面影响：一是使婴儿新的运动形态成为可能，这个运动形态通过日常的不断练习又增大了肌力；二是增强的肌力对体内脂肪起到了抑制作用。

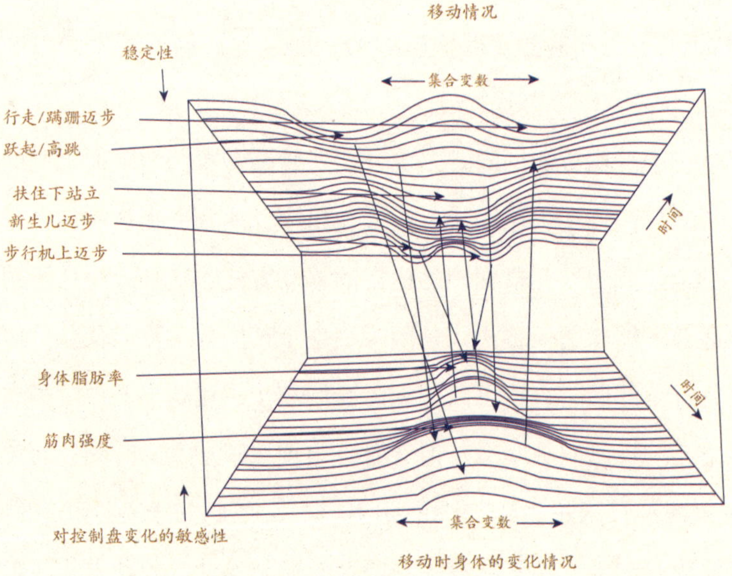

图6-2　新生儿以及在走步机上从迈步到有辅助下的站立及行走时的身体变化情况

如图所示，移动技能的发达是复杂连续的，同时也是独立的过程。各时期特有的运动模式在动作构造要素发生变化时，会随着新的关系形成而发生变化。图6-2下方的“脂肪率”“肌肉强度”“敏感性”等机能，也会随着个体的发育程度的协调而变化。

（6）婴儿运动教育的意义

以上，我们根据泰伦的研究，分析了婴儿学习行走的整个运动智能的发展过程。这个过程也反映了其他运动发展的总体特点，也就是人的运动智能的发展是复杂的、可变的、流动的。概括地说，婴儿从爬行发展到步行，这中间经历了许多阶段，并且是随着年龄的增长而逐渐实现的，同时在这个过程中又伴随着各种各样的变化。各种动作模式形成的同时，又有某些动作模式消失，这就是运动发展中的变化。

关于特定的动作模式，它有两个不同的时期，即相对稳定时期和变化时期。对运动模式的变化时期来说，环境对它具有很多影响，因而也具有了教育的可能性。

同时，婴儿的运动发展是在多种因素的作用之下，在适应多种环境条件下完成的，所以单对特定的一两项因素进行特定的训练，一般不会有太多效果。实际上，行走就是让自己的身体去适应复杂的地面变化而运动的一种行为。

BUS

第7章　音乐教育的可能性

我们在第三章已经介绍了心理学家加德纳的观点，他认为音乐是人类的一大智能。音乐对幼儿期的儿童具有多大程度的重要性，关于这一点学术界还没有完全弄清楚，但至少可以说所有的幼儿或多或少都接触过音乐，日常生活中诸如摇篮曲、随便哼的小曲、童谣、电视广告音乐等各种音乐，都时时萦绕在儿童的周围，儿童自身也大都哼过歌曲或进行过音乐演奏。有些儿童接受过正规的音乐教育，有些儿童参加过音乐传统技能的学习，有些儿童接受过钢琴的早期教育，还有一些儿童是在学习体操时接受到音乐的熏陶，当然还有许多儿童在保育园或幼儿园开展的唱歌、音乐演奏活动中接受到了音乐教育。这里我们从心理学、教育学的理论来分析幼儿期音乐教育的一些根本问题（本章参考了佩里的许多观点，同时请参见图7-1）。

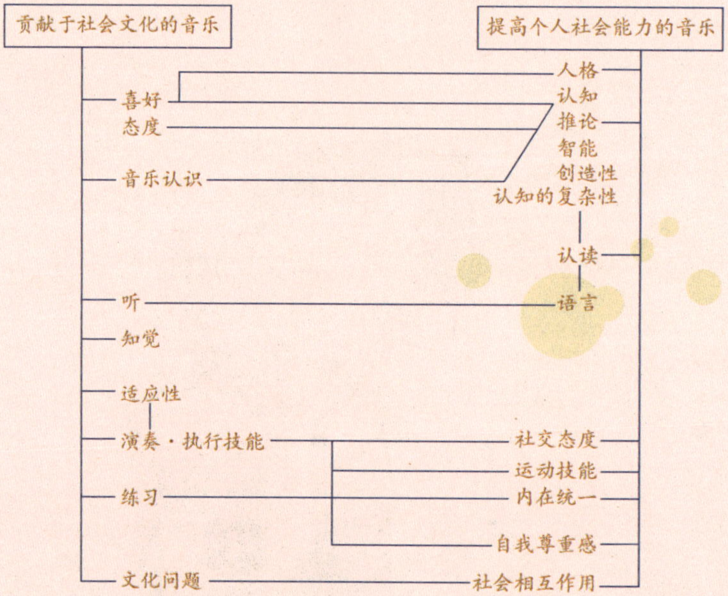

图7-1　音乐性的发展模式（peery.1993）

1. 音乐的理解和音乐智能发展

下面我们分若干个部分，对儿童音乐智能发展做一个概要性阐述。

（1）对音乐的喜好

让儿童喜欢音乐的一种途径，就是让儿童反复与音乐打交道，儿童在日常生活中不断接触音乐乃是儿童喜欢音乐的关键，儿童也必定受家长、亲朋好友、教师等对音乐喜好的影响。比起古典音乐，儿童一般更喜欢流行音乐，有调查显示，5岁之前的幼儿在音乐喜好取向上并不十分明显，到了学龄期，随着年龄的增长，很多儿童开始喜欢流行音乐。

（2）对音乐的认知

在旋律认知方面，儿童从婴儿期开始，就已经注意到了时间、旋律、声音的高低变化。随着年龄的增长，他们可以记住旋律及音节的高低，能够区分音调（能够区分调性音乐和非调性音乐）。调查显示，幼儿可以区分音的高低方向，年龄越大，判断的准确度就越高。他们甚至可以把调性更加细分化（这是西洋古典音乐的基础），比如，最初是在全音节上的理解方面，很快就可以分清主、和音等部分，八度音对小学3、4年级学生来说还有一些难度，由此可以看出，儿童在小学阶段音乐智能得到了显著的发展，这也许是教育的结果。

幼儿还能理解音乐中的感情（比如欢乐、悲伤、愤怒、惊恐等）。

◇（3）听音乐

婴儿在他们很小的时候就已经开始注意音乐了，但是对音乐的旋律、音的高低等方面的听力，要等到小学低年级阶段才会得到快速发展，并且儿童的音乐方面的听力，因年龄、智力、经验而有所不同。另外，在对最低音和最高音的发声预期调查中，发现儿童在幼儿末期能发出八度音。

◇（4）对音乐的知觉

婴儿也会敏感地随着音乐或旋律的变化而反应。有实验表明，6个月大的婴儿更喜欢完整的一段音乐而不喜欢间断性音乐。

在对小学低年级学生的训练中，发现经过训练，儿童在区分高低音调及音调的记忆方面比过去有所改善，而在旋律理解方面没有太多进步。即使是幼儿，也会感觉到转调键盘的变化，而且也能感知相似旋律。他们会分清全音和半音的不同，在幼儿期结束前他们喜欢用全音节的音程。总之，儿童在幼儿期就有了上述感知，而且这种感知随着年龄的增长愈加强烈。

◇（5）音乐的适应性

音乐的适应性是指长期处于稳定状态，不会因简单的练习而改变的性质。欣赏好的教师或演奏家们的实际演奏就能理解这种适应性。但教师的判断有时也未必正确。年幼的儿童由于感觉运动的发育尚未成熟，所以本身的才能在演奏中也许不能完全发挥出来，这样的儿童在接触到教育训练或接触良好的音乐后才能表现出音乐才能。

音乐才能是天生的，还是从小受家庭环境的影响而获得的呢？对于有音乐才能的儿童，在他们的家庭里，大多可以接触到多种乐器，在课外具有欣赏管弦乐演奏等这样或那样的学习机会，这些家庭通常积极鼓励儿童学习音乐，尊重音乐教育，有喜爱和演奏音乐的家庭成员，在家里也能欣赏到高水平的音乐，这些都是有音乐才能的儿童的家庭特点。出生于这种家庭的儿童，他们的音乐教育大都始于幼儿期，一般在4、5岁的时候就开始接受校外音乐教育。总之，在通常情况下，一个人要获得超凡的音乐才能，其家庭环境一般具有如下特征，即家庭成员除从小对儿童进行定期的、频繁的、有耐心的音乐教育外，还要对儿童进行单独的音乐指导，同时家庭还要具备优越的学习氛围及文化价值取向等条件。

从相关研究中发现，家庭及家人是儿童的音乐智能得到快速发展的最重要因素。从世界级艺术家的家庭状况来看，他们的父母的经济水平尽管不尽相同，但基本上都是以儿童为中心。为了儿童的发展，家庭不惜花费大量的时间和经费，家庭氛围有利于促进儿童的成长，同时家庭成员要勤奋工作，合理地利用时间，为儿童做出榜样，儿童自身也需要制定长远目标并能持之以恒。

绝对音感是一种特殊才能。具有绝对音感的人能迅速判断所听到的音高，并能发出同一高度的音调。绝对音感有的是天赋，有的是通过学习而获得的。前者即便没接受特殊训练，也能轻易达到标准音调高度，反之，有的儿童即便经过学习也很难成功。而对大多数儿童而言，通过教育和训练能够掌握绝对音感。总之，儿童在早期表现出来的才能，要用适合早期（幼儿期）儿童的正确方法进行训练。

◇（6）演奏技能

一项为期一年的关于提高演奏技能的研究结果显示，在同样的条件下，在演奏技能方面4岁儿童比5、6岁儿童进步快。一般来说，儿童在5岁之前是掌握基本运动技巧的最快阶段，人们的直觉也认为4、5岁开始练习演奏是最佳时期，这个实验结果与人们的直觉非常相符。如果把年龄再放宽一些的话，4岁到7岁应该是最适合掌握演奏运动技能的年龄阶段。

（7）乐器的练习

音乐，尤其是要熟练地演奏乐器，需要长年累月的坚持，需要儿童每天都花很长时间去练习，而且练习乐器的过程大都是相当孤独的，好多孩子因此而不得不中途放弃。在对具有超凡音乐才能儿童的研究中发现，在这些儿童的家庭里，儿童随时都能听到音乐，在接受什么样的音乐教育、训练方面，儿童自己几乎没有选择的余地，家长如果认为某一音乐培训适合自己孩子的话，就让孩子从小参加培训班学习。孩子也乐于接受音乐培训，对音乐学习表现出了较高兴致，音乐练习对他们来说就成了一种生活习惯。这样的做法是否合适？它对儿童音乐智能的发展会产生什么样的长期影响？对此学术界尚无定论，而且这样的音乐学习方式，对那些不具备超凡音乐才能的儿童来说，具有怎样的意义呢？这也是一个尚未弄清的问题。

（8）文化问题

家庭中音乐环境的重要性是显而易见的，但的确也有一些很有音乐才能的儿童并非出自音乐世家，家庭环境、文化氛围对儿童音乐才能的发展到底能起到多大作用？这也是一个很难回答的问题。

2. 音乐对个人能力和社会能力方面的作用

发展儿童的音乐技能，不仅对音乐本身具有重要意义，而且对提高个人能力及社会能力方面也具有很大价值。人们常说音乐可以提高智慧、陶冶情操，这种说法虽然现在还无法用确切的证据予以论证，但思考音乐对提高个人能力及社会能力仍具有一定的意义。因为欣赏音乐本身与其他相关活动之间能够相辅相成、相互影响，由此而产生的这种正面影响，比单纯学习音乐、欣赏音乐更广泛、更深刻。

（1）对认知方面的影响

有研究报告显示，儿童在接受音乐旋律训练之后，排除外来环境影响的独立判断能力（即所谓的场独立性）有所提高，而且通过音乐学习，儿童的空间认知能力也得到了发展。

智力与是否爱好音乐之间似乎没有什么特别联系，但音乐的适应性、演奏能力与智力相关，尽管两者的相关性比较微弱。有研究显示，一些智力发展迟缓的儿童，在增强了他们音乐教育之后，发现他们的智力有所提高。无论怎样，正如加德纳的多智能理论（参见第3章）中所说的那样，音乐性有着不同于其他智力的独特侧面，所以不应该期待音乐能大幅提高儿童的一般智能。

即使是4岁以前的儿童，也会对乐器发出的各种声音产生兴趣，为了能听到乐器发出的声音，他们也会乘兴拨弄乐器。8岁以前的儿童，能把即兴演奏作为一种音乐概念进行理解。还有研究报告显示，在增加儿童的创造性音乐教育之后，儿童在创造性测试中获得的成绩有所提高。

◇（2）对阅读能力的影响

使用背景音乐，能让儿童对音乐产生亲切感，进而促进儿童更有效地解决问题。还有研究表明，儿童在接受长期的音乐教育之后，其阅读能力也得到了提升。

◇（3）对语言智能发展的影响

一些学者建议：让年幼的儿童接触歌曲，让他们一边看图画书一边唱歌，并让他们听听歌曲的解说，这些都能对儿童的语言智能发展起到积极的作用。

◇（4）对社会态度形成的影响

接触不同风格的音乐会影响到人的不同音乐爱好，同样，能够理解和欣赏某种特殊风格的音乐，更能培养一个人的社会态度。即使是幼儿，通过对艺术的接触，也能多少理解其中的艺术风格。通过接受通俗音乐以外的音乐教育，能开阔儿童的眼界，还能够让儿童理解其他不同种类的音乐（日本的小学，统一要求儿童从1年级开始学习音乐课程，这种做法到底能让儿童在多大程度上理解音乐？或者在多大程度上让他们喜欢上音乐？对此我们不得而知，但是我们也不能肯定这样做没有效果）。

◇（5）对自我效能感的影响

培养儿童的自信、自豪、自尊是整个幼儿教育的总体目标，音乐也不例外，这方面尽管没有丰富确凿的研究数据，但儿童如在音乐上获得骄人的成就，他必定充满着成就感，还能获得周围人的认同、令周围人瞩目、得到周围人的赞扬，因而儿童的自我效能感也得到提高。

（6）对社交能力的影响

音乐不仅会让人感受到声音的美妙，还可以引发情感的共鸣。研究表明，儿童如果接受到格外重视情感也容易激发情感的音乐教育的话，共情能力[①]就会得到显著调高。

（7）对心理控制源的影响

所谓心理控制源，指的是人们对自己的行为及其行为结果的一般性看法。这种看法存在着两个极端，一是把行为及其结果归结为自己引起的（称为内控型），二是把行为及其结果归结为他人引起的（称为外控型）。研究表明，自学钢琴的儿童与经过正规学习学会钢琴的儿童相比，自学的儿童在他们成年后往往会继续接触音乐，而正式学习的儿童有些却与音乐无缘，这说明因内在动机而亲近音乐的人，大都终身保持对音乐的喜爱和关心。

① 日语原文为“共感性”，指的是一种能设身处地体验他人处境，从而达到感受和理解他人情感，与中文的“共情”含义相近，因此将此翻译成“共情能力”。——译者注

3. 幼儿的音乐教育

人们常说音乐教育要始于幼儿，这话有无道理呢？一项以幼儿教科书为对象的研究得出了如下结论，按理由大小顺序排列的话依次是：音乐可以带给幼儿自我表现和创造的喜悦、可以促进幼儿运动及节奏感的发展、培养幼儿美感、在声音和语言方面对幼儿具有教育作用、传承文化遗产、促进幼儿认知发展以及提高幼儿抽象思维能力、培养幼儿社会集团性能力等。

音乐教育一直摇摆于对音乐自身的教育观点和以音乐促进其他能力发展的观点之间。从儿童的角度来讲，演奏和唱歌能够给儿童带来快乐，从家长的角度来说，看到孩子的快乐就是最大的快乐。

（1）演奏教育

在音乐教育中花费精力最多的，往往就是为了让儿童掌握一种特殊乐器而进行的一对一教育。儿童通过这样的学习可以弹奏乐器，比如可以在音乐会上或在家长面前表演。至于学会弹奏乐器是否会带来其他正面的影响就不得而知了。或许会获得成就感，还会体会到学任何东西都需要长期的努力，这些或是正能量。

（2）教室里的学习

儿童在幼儿园会自发地边玩边唱，或在老师的引导下唱歌，有时会一个人唱，更多的时候是和朋友或全班同学合唱。老师会热心指导，但儿童未必会十分注意老师，老师更多的精力或用在整体引导上。

◇（3）教室里学习演奏技能

幼儿园的儿童会在小朋友面前演奏，或和朋友一同唱歌、跳舞或演奏。演奏出色的儿童会受到关注，听众在观赏这样的演奏的同时也会受到鼓舞和刺激。

◇（4）音乐课程

幼儿音乐教育有四种代表性课程（根据布朗整理），它们分别是奥尔夫幼儿音乐教育、柯达伊幼儿音乐教育、达尔克罗兹幼儿音乐教育和综合音乐教育（当然，还有其他许多学者提倡并实践的幼儿音乐课程）。这里不准备对这些幼儿音乐教育课程进行详细的阐述，而是对此做一个简单介绍，旨在能更好地理解这些研究的普遍性。

①奥尔夫幼儿音乐教育

奥尔夫是德国作曲家、音乐教育家。他认为儿童本身具有用音乐来表现的本能，人们只不过为儿童提供了这样的机会而已。奥尔夫幼儿音乐教育的主要特点，是实践性地使用乐器，创造音乐并与动作及旋律组合，逐步加入旋律和和声等。把旋律、动作、语言、歌曲等组合在一起，音乐能力就由简单转向复杂。

②柯达伊幼儿音乐教育

柯达伊是匈牙利作曲家、音乐学者。柯达伊创建的音乐教育课程的特点是，幼儿音乐教育从歌唱乡土民谣开始。他到匈牙利各地收集民谣并研究这些民谣，然后指导幼儿歌唱这些民谣、读写这些民谣。柯达伊认为说话与读、写的发展是同步的，而唱歌是最早的、自然的音乐表现。主张先学会如

1、2、3这样的音感训练（或称视唱练耳）之后，再进入音程、转调、作曲阶段。幼小的儿童的音乐教育则从唱童谣，或唱着歌做游戏中开始。

③达尔克罗兹幼儿音乐教育

达尔克罗兹是瑞士作曲家。他提出了体态律动法（又称旋律教育法）（Eurhythmics），一种通过运动和旋律学习和实践音乐的方法。达尔克罗兹主张体态律动、视唱练耳和即兴音乐活动等方法实施音乐教育。达尔克罗兹认为音乐教育就是随着音乐引发的感觉而舞动，随着内在的感觉而歌唱，随着即兴的演奏深化情感和知识。

④综合音乐教育

综合音乐教育是美国开发的一种音乐教育课程。该课程重视儿童欣赏、思考、创作等方面的音乐技能，强调要引导儿童向音调、结构等音乐理论方面发展，主张让儿童利用各种乐器表现身体的动作（如迈步或拍手），去实践音乐、发现音乐。

4 幼儿早期教育的意义

以上我们参照佩里的理论，详细地介绍了儿童音乐智能的发展以及教育所发挥的作用。在这里我们不准备就如何改善音乐教育花费更多的笔墨，因为音乐教育中的幼儿早期教育留下了许许多多的教训，值得我们去思考和梳理。

对人类来说，音乐的重要性从人类的婴儿阶段就已经得到证明，事实上，成年人没有不喜欢音乐的，音乐可以说是人类的本能之一，即便没有特别接受过音乐训练的人，只要他身临音乐的环境中，就能培养出音乐性。

人天生就具有音乐的感性和本能，天生就对音乐有一种亲切感，当然婴儿也是如此，这种对音乐的亲切感贯穿终生，音乐成为人类生存方式及生活的一部分。

但同时从另一方面来说，演奏乐器也好，作曲也好，要想了解流行歌曲之外的音乐，如果没有接受过音乐教育，就没办法了解到音乐中的某些奥妙。

要想达到更专业和更高深的音乐水平，就需要在婴幼儿阶段接受音乐教育，而且每天还需要花费相当长的时间进行音乐方面的练习。

这样日复一日、年复一年的音乐学习生活，对儿童来说到底有多大意义，这就要看儿童的才能和价值观了。实际上，在音乐方面拼命学习也未必就一定能成功，这取决于家长的价值取向、儿童自身的努力以及儿童对音乐的热爱程度。

实际上，许多音乐教育研究及实践都证明，对婴幼儿期的儿童来说，并不需要严格训练，只要在正常情况下去接触、了解音乐，比如在游戏中让儿童接触音乐，或随时准备好一些乐器，让儿童一伸手就能触摸到。让儿童用乐器、用歌曲、用身体等各种各样的方式去表现音乐，是非常重要的，儿童的音乐性就是在这样的过程中得到发展的。

总之，要想儿童亲近音乐并在音乐上达到一定水平，就有必要对其进行早期音乐教育，但如果儿童缺乏对音乐的热爱、缺乏学习音乐的自觉性、缺乏坚持不断的努力，这样的幼儿早期音乐教育也不会获得理想的效果。对于大多数儿童来说，不要拘泥于早期音乐教育的形态，只要在平常的幼儿教育中营造丰富的音乐环境就足够了。

第8章　英语的早期教育

对大多数日本人来说，都会学习一门家庭频繁使用的语言之外的语言，即学习日语以外的所谓的非母语，通常称为第二语言（简称“二语”）的学习。最近或许是因为很多家长希望孩子从幼儿期就开始学习英语的缘故，引起了许多大众媒体以及学习塾对幼儿英语教育的重视。NHK很早以前就开始播放《让我们用英语做游戏吧》的幼儿节目，该节目以卡通主人公的对话、幼儿会话的节奏以及穿插歌舞为主要特征。一些函授杂志也专门开辟了幼儿英语教育栏目，还有一些幼儿园也开设了幼儿英语学习班，并雇用能说英语的保育员。甚至在日本还出现了面向幼儿的英语学习塾，教幼儿学习英语的录像带、CD也到处可见。

日本的学校原本都是从初中一年级开始开设英语课程，现在也准备让学生提前学习英语，计划在小学中高年级就开设英语科目，尽管每周用于学习英语的课时只有短短的一节课，学习方式也主要是以英语会话为主，但由此可以看出学校开始重视儿童的英语学习，让儿童尽早接受英语教育的主张受到了人们的广泛赞同。

1. 中小学的英语教育

日本的学生从初中才开始学习外语已经算晚的了。实际上，大多数日本人都对日本学校的英语教育感到强烈不满，社会上经常出现对学校英语教育的批判，许多大学生或社会人士报名参加英语会话班等现象，就足以说明这一点。日本学生从初中一年级开始，每周要花费四五个小时的时间学习英语，升入大学之后，同样要把许多时间放在英语学习上。学习了这么长时间的英语，却无法阅读英文杂志，到国外旅行时也不能使用英语问路，更不用说在国际会议中使用英语提问和发言了。人们对学校英语教育的不满，还表现在英语听力上，人们抱怨在学校学了近十年的英语仍然听不懂英语（一提到英语教育质量的低下，人们往往把矛头指向英语会话，其实，很多情况下日本人也同样不擅长英语读写。有多少大学一年级的学生，可以用一两天的时间读完一本入门程度的英语书籍呢？在电车上也几乎看不到有人阅读英文版的《纽约时报》《泰晤士报》等。话说回来，这样的结果其实很正常，日本学生在高中阶段学习的英语词汇、惯用句等知识太少，也很少对高中生进行长篇英语文章阅读的训练和练习。但如果学生真心想学习英语，在初中和高中阶段认认真真地学习英语的话，他们在英语学习上的进步其实还是很快的）。

日本对英语教育改革提出了以下三个方案：第一是主张对英语教育、教学方法的改进，例如提倡重视英语会话教学、提高英语会话能力等诸如此类的主张；第二是主张在学校英语教育中增加英语学科的周课时；第三是主张早一点实施英语教育，这样儿童对语言的感受性和习得英语的可能性会更大，掌握英语的速度会更快。

当然，以上任何一个改革方案都可能会取得一定效果，但能否从根本上解决日本英语教育的问题还是令人怀疑。当今的日本人真的从内心感受到学习外语的必要性了吗？这一点一直是个疑问。实际上，在日常生活中，日本人听、说英语的机会都很少。日本的企事业单位，即使不擅长英语，对工作也没有太大影响（即便是需要使用英语的贸易公司或国际性大企业也是如此）。从全球范围看，如果是一个大国，人口众多，在那里某一特定语言占支配地位，在通常情况下也难以遇到使用其他语言的人（或是说没有必要使用其他语言沟通），这样一来，在日常生活中既没有使用外语的动机，也缺少使用外语的机会，所以学校即使在一定程度上重视英语教育，学生的英语水平也难以得到提升。仅从接触外语的时间来看，倘若不能保证几乎每天都能维持好几个小时接触外语的时间，倘若不能沉浸于外语的语言环境中，倘若不能运用外语开展各种活动（也就是几乎所有活动，从吃饭到闲聊、读书，都使用该语言），如果没有上述的语言环境和条件的话，要想真正学好外语几乎不可能，总之一句话，学习外语需要营造语言文化背景之下的环境。

一般的学校教育很难创造上面所说的学习外语的环境，也缺少优秀的外语教师，而且即使外语学习环境得到满足，那母语教育的环境有可能受到破坏，从而影响学生对母语的学习（事实上，从小在日本国内的国际学校学习的日本人，日语词语贫乏、日语读写水平低下等问题非常突出）。

这个道理适用于儿童的早期外语教育。如果儿童在外语上花费太多时间，并且各种活动都频繁使用这种外语的话，那么儿童肯定能够熟练地掌握这种语言。但是，对大多数儿童而言，一方面要拥有这样的语言环境难度太大，另一方面即使拥有了这样的外语环境和条件，又会影响他的母语学习，使他的母语教育面临风险。实际上，能使用两种语言的人（Bilingual），他们当中极少有人能同时将这两种语言运用自如，即便能使用这两种语言进行日常会话，可一旦遇到较难的词汇（这是进行深层沟通、理性交流的保证），就只能依赖其中一种语言（甚至有时两种语言都不靠谱）。假如两种语言都掌握得十分娴熟，那一定说明他付出了相当的努力，且成年之后也一直在坚持学习。

诚然也有一些研究显示，人到了一定的年龄以后，由于各方面都已经发展成熟，所以那个时候再开始学习外语，很难达到像母语一样的熟练程度。学习语言的分水岭大概是在青春期，也就是进入初中的年龄。有一项研究，调查了初中之前和初中之后移民到美国的儿童的英语能力，结果显示初中之后移民到美国的孩子，长大后英语更娴熟。初中之前移民到美国的孩子，英语的听说能力都没有达到和母语一样的水平，甚至在使用英语时常常出现错误，这或许是由于他的母语水平不高的缘故。反之，在青春期之后移民到美国的人当中，一些人的英语水平近乎达到了完美（虽然他们还难以区分R和L，或发音中掺杂着一些方音）。

所以学习外语的最佳时期是在进入初中以后，但希望外语水平能到达母语的程度，这样的目标就定得过高，别说英语熟练得像母语那样，一个人在学校阶段接受英语教育之后，到国外旅行、留学或从事商业事务时，能对英语运用自如都很难。出现这样的情况时，不要掩饰自己的不足，一边做一边学，在决定出国学习或工作的时候，再好好地学习英语，为未来的发展打下一定的基础。至于这个基础包括哪些内容，或者要达到怎样的程度就留给今后的研究吧。要达到上述目标，即使从中学开始学习英语也不会很晚，因为现在很多人都是这样做的。积极的态度加上高强度的集中学习，就会让英语达到相当高的水平。当然如果希望自己的孩子在未成年的时候就能达到上述的外语水平，最好让他们去国外旅行或短期留学，生活在一个必须使用英语的环境里，对他们快速掌握英语是一个不错的选择。

以上我们讨论了儿童进入初中之后，在学习英语时必须注意的几个问题。那么，我们该如何看待幼儿期儿童学习英语的问题呢？

2. 幼儿期第二语言的学习

本节通过幼儿学习第二语言与学习第一语言的比较，并参考迄今为止的大量学术研究成果，尤其是麦克劳克林（Mclaughlin.B）的卓越研究成果，对幼儿学习第二语言的诸多特征进行分析和考察。

在幼儿期就开始学习英语的大多数日本儿童，一般都是先学第一语言（母语），再学第二语言（英语）。下面所要讨论的主要是指在第二语言学习上花费了相当长的时间，甚至移民到某一国家学习第二语言的情况。

许多研究者都对儿童学习第一语言和第二语言的语法及发音的顺序进行了比较研究，结果发现两者具有惊人的相似之处。如果这些研究结果符合事实的话，则说明学习两种语言时是按同一种语言习得机理进行的，当然这也与学习者接触特定语言的词汇、语序、文法等诸要素的频度具有密切关系。还有，第一语言与第二语言的相似程度，也直接影响学习者对第二语言的习得状况，第二语言与第一语言越相似，学习者对第二语言的掌握也越容易，但也越容易产生混淆。总体上来说，如果学习两种语言均按照相同的语言习得机理进行的话，那就说明要学好第二语言，就应该营造与母语（第一语言）相同的学习环境，给学习者创造在日常生活中随时都能体验第二语言的机会，开展运用第二语言进行对话的活动。

同时学习两种语言还可能经常出现相互干扰的问题。在先学习第一语言的情况下，第一语言可能会阻碍第二语言的学习，影响对第二语言某些内容

（如发音、文法、词汇）的习得。从这个意义上来说，学习两种语言不一定是按照同样的语言习得过程进行的，观察一下从初中开始学习英语的初中生学习外语的情况就会明白，当他们学习到一定程度之后，会在头脑中把外语逐一地对换成日语，而在学习母语时就不会出现这一情况，所以这是两个完全不同的系统。如何降低母语造成的阻碍，是研究英语教育方法的一个重要视点。

一些调查报告显示，儿童在自然环境下学习两种语言时，出现相互干扰的情形最少。当儿童能分清两种语言的差异之后，他们就能根据说话的场合、情景及说话的对象的不同，对两者进行区别使用。一些生活在英语国家的日本儿童，到当地的学校上学时几乎完全使用英语，回到家里之后，又使用日语与家庭成员交流和沟通，从而做到了英语和日语运用上的自如转换。总之，当儿童所学的第二语言的社会状况支撑他们的学习环境时，回忆起母语的可能性降到最低，来自母语的阻碍也相应大为减少。与此相反，如果儿童所学的第二语言与他们所处的社会背景的语言不一致的话，那么来自母语的障碍就会变大，儿童仅在上英语课时才能接触英语的英语教学就属于这种情况，加上儿童所学语言和具体情况又相互脱节，所以他们学习起来就困难重重。

如果使用第二语言去表达较复杂的问题的话，第一语言对第二语言的阻碍也就相应增大。儿童要想用第二语言表达较难、较复杂的内容，这时必须依赖母语，否则儿童就难以组织完整的语言，所以在这个过程当中，母语仍然阻碍着儿童对第二语言的学习。如果留意一下儿童们在一起玩要时的情景，就会发现使用的语言非常实在，而且习惯性用语也使用得非常多，在这样的情况下，儿童们很快就学会了使用第二语言进行交流。

第一语言（母语）对学习第二语言的影响，首先表现在学习者有时会把母语的语法规则套用到第二语言上。比如说日语没有单数、复数的区别，而英语里却有单复数之分，所以日本人常常忽视英语单复数的区分使用。再有，第一语言本身也有愈学愈难的情况，不规则变化比有规则变化难度要大，这些规则也容易套用到第二语言（目的语）的表达上。

其次，学习者在同时学习两种语言的过程中，还会产生许多新的错误，或把两种语言混淆起来。成年人第二语言习得模式研究和错误分析的发展，使人们注意到学习者在学习第二语言的过程中会自觉地建立一个既依赖母语、却又不同于母语和目的语的语言系统，它被称为中介语（Interlanguage）。中介语形成认知过程有如下五种：

①语言的迁移。也就是用母语的规则认知第二语言的规则，进而对第二语言的习得产生干扰。

②语言训练的迁移。教师在指导学习者学习第二语言的过程当中，教师的中介语中不合适的语言运用，使学习者产生了对第二语言的语言点和语法规则的不正确理解（如果你回想一下你学习“This is a pen”这个句子的经历，你或许更能明白这个问题）。

③第二语言学习策略的运用。学习者为了记住某些难点，便采取重复、复述等方法帮助记忆。（比如，在第二语言的课堂上，练习方法决定了会话能力。）

④第二语言交际策略的使用。学习者在表达出现困难时，便借助某些“补偿策略”，如手势或相近的词语来表达，使交际顺利进行。（到国外旅行购物时常常表现出来。）

⑤目的语规则的过度概括。学习者将所学的第二语言的规则或某个词语的用法过度地扩展到其他语境中所产生的问题。

以上是以成年人为对象的研究结果，但对于儿童来说，也是先学第一语言，再学第二语言，而且一般很少有与以第二语言为母语的儿童进行第二语言会话的机会，因而容易产生中介语问题。

除了上述情况以外，对使用两种语言（双语）的人，常常根据不同的情景使用不同的语码，不仅在同一个句子当中使用不同的语码，而且在两个句子或分句的分界处，分别使用不同的语言，也就是产生了所谓的语码转换（Code-Switching）现象。如果儿童身边或周围的人群，时而使用这种语言或变体，时而使用那种语言或变体，在句内或句间变换不同语言，那么儿童就会不知不觉地记住并学会这种混合语言。即使区分使用两种不同语言，由于在双语中间或使用特定的措辞，从而有可能产生一些新的混合语言。当然，如果周围鲜少有人使用混合双语（或者即使有的话，这些词语被当作新的通用词保留下来），那么在会话中，要么偏向使用其中某种语言，要么对双语进行区别使用。

3 语言学习中的个体差异与对策

任何人都会感觉到，人们在学习第二语言的速度与方法方面，存在较大的个体差异。这或许是由于不同的人，学习能力不同，学习热情和积极性不同，学习方式不同而造成的。有些人学会了一点外语之后，马上就用外语与别人交流，而另外一些人则认为掌握了一定外语会话能力之后，再与别人交流也不迟。下面我们就外语学习中的这些个体差异及其对策进行分析和考察。

◇（1）第二语言习得的差异问题

①学习方式上的个体差异

第二语言的学习方式一般可分为两大类：一是所谓的整词方式（Whole Word Approach）；二是系统构造方式（System Building Approach）。整词方式是把第二语言的一些措辞完整地背下来的学习方式，而系统构造方式则是试图找出第二语言的规则并改造成新的措辞的一种学习方式。在众多的场合当中，第二语言的许多规则不甚明确，加之常常受到第一语言的影响，因此如果使用系统构造方式，还不如逐一记住第二语言的措辞，并将之运用到具体的场合中更有效和快捷。

②发展阶段中的个体差异

这里我们探讨一下学习者本身的一些问题，从学习者与所学语言的关系视角，也就是从学习者社会心理意向的角度分析学习者学习第二语言的利弊。所谓社会心理学意向，是指对使用所学语言的会话者所持有的好感程度，它包括统合型和分离型两大类别，统合型社会心理意向是指学习者希望与使用所学语言的会话者融为一体，而分离型社会心理意向是指学习者希望与使用所学语言的会话者有所区分，一般来说，统合型社会心理意向的学习者比起分离型的学习者，更有能力提高语言学习水平。分离型的学习者在学习第二语言时，不太重视语言的各种要素，这种学习方式又称为“限制性的单纯化”学习；而统合型的学习者在学习第二语言时，具有总结语言规则并将其一般化的倾向，被称为“精致的单纯化”的学习方式。

③固定词组或短句

以上我们分析了学习者在学习第二语言时，一些人习惯把整个词组或短句都背诵下来。实际上，无论哪一种语言，都有很多固定词组或短句（或称习惯性用语），在学习第二语言初期，记住这些习惯用语，就能应付多种会话场面，具有切实可行的应用价值。对任何一个生活在异国他乡的人来说，都是最先学会诸如“你好”“拜托了”“不行、不可以”这样的习惯用语。在幼儿园或保育园学习和生活的外国儿童，在游玩时最先学会的也是一些必要的习惯用语（比如“和我一起玩吧”“好样的”“给我”等），以及每天都能用得着的日常用语（比如“老师”“早上好”“饭盒”等）。

记住特定的词组或短句，能广泛应用于各种场合。比如，记住了“Where”“How”等相关句型，就能使用这个句型进行各种提问，但许多儿童常常靠记忆硬背下这些句型，而不是在理解句型的文法规则的基础上去习得语言技能。

儿童学习外语时，常常要经历一个囫囵吞枣的过程。以下的例子显示，西班牙儿童在学习英语的过程中，完全靠背诵固定词句与他人进行交流。从这些例子中可以看出，这些儿童虽然没有完全理解每一个单词的含义，但在一些特定场合，靠这些被硬背下来的固定词句，就足以与他人对话交谈。

Look！（看！）

Wait a minute.（等一下。）

Shut up your mouth.（闭嘴。）

Whose turn is it?（轮到谁了？）

但是，随着学习的深入，儿童开始想用外语交流一些更复杂的事情时，仅仅依靠记住的一些固定词句就远远不够了，于是把一些固定词句组合到一起，创制出一些新的表达方式，这个时候对于儿童来说语法的正确与否已经不太重要，重要的是如何才能让对方理解自己的意图。

第二语言的学习更进一步深入下去的话，儿童们开始期待自己说外语的样子看起来就像外国人那样，于是对自己习得的固定词语的细节进行分析，希望从中找出规律，能用第二语言自由自在地表达自己的想法。

◇（2）第二语言学习策略

Wong-Fillmore在分析上述过程的基础上，总结出了儿童学习语言的多个策略，并将这些策略分为社会策略和认知策略两大类型。

①社会策略1

让儿童参加小组活动，儿童即使对小组活动内容不甚理解，也要表现出一副理解的样子。这样可以顺利地融入群体，产生对话，这样做会让一些人主动搭讪，有助于儿童很快地习得语言。

②认知策略1

分析会话的语境，猜想会话的内容说的是当时的状况还是曾经经历的事情，也就是要对会话的内容进行推测。注意观察周围状况，从周围发生的事情当中推测对方的说话意图，比如在幼儿园里，当儿童听到值日生说“下面开始打扫教室”时，如果他环顾周围，看到其他人听到这句话之后所采取的行动，就基本上能推测出这句话的意思了。

③社会策略2

在使用第二语言会话时，选用少量的日常用语，给对方留下自己能自由运用第二语言的印象。只要给对方留下了自己会说外语的印象，对方就会主动找你交谈，邀你一起参与某种活动。因此，短而恰当的表达是非常必要的。

④认知策略2

即使知道的语言表达方式还不多，也要立即将之用于实践中，做到现学现用。这正是使用固定词语、习惯用语的时候，学习第二语言时，不要等把语法完全弄懂之后才应用，而是能用得上就立刻应用于会话中。

⑤认知策略3

从自己所知晓的固定词语、习惯用语中寻找出反复出现的要素。这些要素可作为分析线索，前面所列举的Where和 How就包含了这样的要素，开始是在某一句子中出现了how，然后对这些句子中的how的意义进行总结，抽取how用法上的特征，并灵活用于其他的会话中。

⑥认知策略4

最大限度地利用已理解的语言知识。当记住了某一语言规则的时候，常常扩大其使用范围，不分场合地应用于各种会话中，这样做虽然容易出现误用现象，但同时也能让儿童发现它的一些新用法。

⑦认知策略5

先从大处入手，细节留到以后再处理。在使用第二语言时，不要太在意语法是否出现了错误，对方基本上能理解自己想要表达的意思，这就足够了，至于具体细节问题留到以后再慢慢解决。

⑧社会策略3

多结识朋友，常请朋友帮忙。在学习第二语言时，如果能运用以上各种学习策略的话，就会有许多说第二语言的人成为你的朋友，从而加入到对话的队伍中，这对提高儿童语言的能力大有帮助。同时结识的朋友，大都愿意对正在学习第二语言的儿童提供帮助。

以上描述的情况未必适合所有学习第二语言的儿童。学习语言总是停留在教室里，肯定难以学好，但又不是所有的人都能获得在自然的环境里学习语言的机会。但是，如果按照以上策略学习语言的话，尽管学起来仍会困难重重，但至少能够让学习顺利进行下去。

4. 双语教学对儿童成长发展的影响

儿童从小就同时学习两种语言，这对他们的成长和发展会产生怎样的影响呢？麦克劳克林（Mclaughlin.B）将其归纳为两种影响，一是对儿童语言学习的影响，二是对儿童智力发展的影响。

（1）对儿童语言学习的影响

①词汇发展方面的影响

记住两种语言，其实就是要知晓表达同一个意思的两种单词，有些单词的意思完全一样，有些单词的意思很相似但又不完全相同。有一种观点认为，学习双语的儿童，在词汇学习方面经历了三个阶段：第一阶段是把两种语言单词混合在一起，把它们当作同一个词语体系来学习；第二阶段是能知晓两个词汇体系，但仍不能完全分清，说话时两种语言的词汇常常混杂在一起；第三阶段是把两个词汇体系分开学习。

儿童同时学习两种语言时，从第一阶段发展到第三阶段，到底需要花费多长时间呢？有关这方面的研究结果各不相同，虽尚无一致结论，但可以肯定的是，儿童在很小的时候学习双语，这一过程进展得相当缓慢，但当儿童成长到可以分清两种语言之间的差异的时候（大概在3岁半之后），词汇的习得速度就会逐渐加快。

②文法发展方面的影响

儿童在很小的时候学习双语，会出现在使用两种语言文法时相互混淆的现象，之后这种混淆也难以完全消除，当儿童发展到已经意识到两种语言存在差异时，文法的混淆会明显减少，但对两种语言的文法区别没有像区分词汇那样显著，当然，当他们语言能力达到相当高的水平的时候，也就能够娴熟地区分两种不同语言的文法。

③两种语言环境的影响

不同的儿童学习双语的环境和条件不尽相同，一般来说，这些环境或条件主要来自家庭和社会两个方面。

来自家庭方面的环境或条件，可能有以下三种情况：

（a）家庭成员每个人都使用一种特定的语言；

（b）每个家庭成员都能说两种语言；

（c）在家里，大家基本上说同一种语言，但在社区里，人们普遍使用第二种语言。

儿童身处的社会环境，可能有以下三种情况：

（a）每个儿童都使用各自的语言交流；

（b）每个儿童都能分别使用两种语言；

（c）所有儿童都使用一种语言交流。

上述的各种环境可以进行不同的组合，而且随着儿童的成长，这些环境还会不断发生变化，比如，儿童上学以后，可能接触到新的语言，尤其是如果出现搬家的情况，儿童语言环境的变化会更大。这些环境和条件，对儿童产生的影响非常巨大。一般来说，周围及身边的人群使用不同语言，会让儿童产生暂时性的语言混同现象，但不会永久性地阻碍儿童语言能力的发展。

儿童语言能力发展方面的一个重要问题，就是他们是被动地接触语言还是主动地去习得语言的问题。如果儿童经常被动地接受语言，他们在语言理解方面的能力会提升得相对较快，而会话能力的提升则相对较慢。同时说两种语言（说话也是一种会话，所以不仅要学会说，还要学会听）、学习两种语言，在不同的情况下，会产生不同的结果，一些研究表明，平时只听不说的儿童，当他们处于非说不可的场面时（比如在学校里学习外语的时候），第二语言的习得突飞猛进。但也有一些失败的例子，有些儿童表面上看似第二语言说得很流利，但实际上他们对语义并未真正理解，还有一些儿童突然变得寡言少语，出现学习障碍等问题。总而言之，对于同时学习双语的儿童，不仅需要多听，而且需要主动地说、积极地说，否则他们在以后的语言学习中就很难得到均衡发展。

◇（2）对儿童智力发展的影响

儿童通过同时学习两种语言，智能是否发展得更灵活？对符号的意义是否把握得更准确呢？

有研究表明，在智能的灵活性方面，尤其是在能否正确理解词语发音与词语含义的异同方面，学习第二语言的儿童优于仅学习一种语言的儿童，比如，当把“猫”喊做“狗”时，比起仅学习一种语言的儿童，学习第二语言的儿童能更早地理解虽然叫法不同但“狗”还是“狗”的事实。另外，一些研究还发现，学习二语的儿童由于平时对语言比较敏感，所以他们在智能发展上表现得相对出众，但必须指出的是，这些研究还欠缺确凿的证据，尚未得到学术界的普遍认同。

在智力测试方面，一些研究表明，学习第二语言的儿童相比其他儿童，智力测试成绩相对较差，尤其使用第二语言测试儿童智力时，他们的得分都不太如意，在抢答之类的比赛中，他们的成绩就更差。但在非语言类智力测试或使用母语进行智力测试方面，学习第二语言的儿童的成绩并不亚于仅学习一种语言的儿童，因此上述的研究并未从本质上弄清学习二语儿童的智力水平的实际情况。

以上对儿童学习第二语言的利弊进行了简要的梳理和归纳，但学术界对此看法不一、尚无定论，今后随着这方面研究的不断深入，相信更多的研究将会朝个案研究方向发展。无论研究结果如何，对于儿童二语学习的利弊，我们不能一概而论。该不该对儿童进行早期二语教育，要考虑到儿童学习语言的天性、能力、个性、年龄等各种因素，还要考虑儿童所处的家庭、地区、学校等各种学习条件。还有，学习二语对儿童某些方面可能比较有利，对儿童另外一些方面的成长发展则可能造成障碍。总之，对于儿童学习二语问题，我们既要避免一概而论，又要根据每个儿童的不同情况采取相应的措施和方法，对他们进行适当的帮助，这对他们的成长发展非常重要。

5. 英语（第二语言）早期教育的几个误区

社会上对儿童早期学习第二语言现象存在着一些误区，麦克劳克林（Mclaughlin.B）对此进行了归纳和整理。

误区之一：认为幼儿与成年人相比，学习语言快，更容易掌握语言，并认为这是因为幼儿是以生物学方式习得语言的，而大人并非如此。

脑科学研究表明，幼儿期尤其是两岁到四岁之间，是儿童习得语言的重要时期，但其实青春期之前都是儿童学习第二语言的重要阶段。但这并不是说进入青春期之后的孩子就失去了学习语言的能力，其实学术界对儿童是否真的容易掌握语言这个问题，尚无定论。或许是由于我们对成年人的语言标准要求比较严格，也或许是因为儿童比成年人接触对象语言的时间比较长，所以给我们造成了幼儿学习语言更快的错觉。假如幼儿记忆语言快果真是事实的话，那也是因为幼儿不太在意说错话而使得语言学习变得较快。

误解之二：儿童越小，习得第二语言的效果就越好。

实际上，只要年长的儿童接触第二语言的时间更长一些的话，他们比年幼的儿童更容易学好第二语言，只不过在锻炼听力方面，还是尽早为好。尽管在不同的环境条件下，不同的人学习语言的时间不一定相同，但一般而言，随着年龄的增长，人们花费在语言学习上的时间越来越少，因此只要环境条件许可，让孩子在幼儿期习得第二语言是一个不错的选择。

误解之三：第二语言的习得过程与母语的习得过程，存在着本质区别。

即使是进入成年之后才学习第二语言，其学习过程与学习第一语言也不存在本质区别，虽然在习得母语之后再习得第二语言，的确会受到母语的阻碍，但只要有足够的时间，学习二语就会像学习母语那样持续下去。

误解之四：对学习第二语言而言，第一语言和第二语言间的干扰，是始终不可避免的。

在某种条件之下，这种干扰几乎不会发生，尤其在同时学习第一语言和第二语言的情况下，如果都是在各自语言的社会环境下习得的话，这种干扰就会很小。即便先习得了第一语言，如果在第二语言的社会环境中再去习得第二语言，两种语言之间的干扰也不甚明显。但是，当学习者遇到难以弄清第二语言中某个要素规则，或对第二语言的机能产生费解的情况下，学习者容易套用第一语言的某些规则。

误解之五：儿童时期每个儿童习得第二语言的方式都是相同的。

每个儿童除了学习进度存在差异之外，其发展及成长过程、个性、能力、学习动机以及周围的环境条件，也都有所不同，因而他们习得二语的方式也是多种多样的。

误解之六：第二语言的早期教育会对儿童的语言发展及智力发展起到积极（或消极）的作用。

在这方面，不同的研究得出了不同的结论，在不同的条件下对儿童实施早期的第二语言教育，其所产生的效果也不尽相同。

6. 第二语言学习是否存在临界期

伦内伯格（E.Lenneberg，又译勒纳伯格）等学者认为，在语言习得的过程中，从两周岁开始至青春期到来的这一时期，为儿童语言习得的“临界期”（或称关键期），这个时期是儿童习得语言的重要时期，也是最佳时期，在临界期之前或之后，儿童习得语言的能力都会受到一定的限制，即使努力地去学习也很难达到较高水平。那么这种主张是否正确呢？在此我们对最近的相关研究结果做一下梳理，归纳出儿童第二语言习得方面的年龄特征（这里主要借鉴Wong-Fillmore的一些观点）。

①婴儿出生之后数小时，最迟不超过半岁，就能对语言产生感知，并能发出声音。

②1岁之前是婴儿听觉的敏感期，在日语环境中长大的1岁左右的婴儿发出的喃语，已类似日语发音，在这之后也能在一定程度上学习其他语言。

③儿童如果到了4岁之后才开始学习第一语言（母语）的话，就很难掌握地道的母语，开始学母语的时间越晚，掌握母语的程度就越不完全。

④如果第一语言学习的滞后程度与第二语言学习的滞后程度基本相当的话，前者的滞后对儿童语言学习所造成的负面影响会更大。

⑤对于第二语言的学习，在学习之初，年龄大的儿童在词汇学习、词语拼写方面比年龄小的儿童进步更快。

⑥第二语言学习的初始年龄越大，在发音和拼写方面所到达的最终目标

就越低，6岁之后的初始学习者更具这种倾向，这也多见于成年期才开始学习第二语言的学习者当中。对于成年学习者来说，尤其是在口语能力方面，随着初始学习年龄的增大，最终所获得的口语习得水平降低。

⑦在有关第二语言学习的诸多研究中，尚无强有力的证据能够证实第二语言学习的临界期的终点为青春期到来之前，在成年人学习者当中，第二语言学得非常地道的大有人在。相反，在儿童当中，第二语言水平差强人意的情况并不少见。

⑧能说双语的人（Bilingual）所掌握的两种语言中的每一种语言能力，都到达了只会说母语人的水平，这仅仅只是一个传闻而已。

⑨在语言环境欠佳的情况下，比如周围说某种语言的人比较少的情况下，要让儿童维持高水平的双语水平，是一件至难的事情。

在第二语言学习上，还有许许多多尚未探明的地方，对每一个第二语言学习的理论、主张几乎都能举出反例，至今尚不存在没有争论的第二语言学习理论。

本章列举了很多研究实例，这些研究对象主要指的是那些花费了相当长的时间习得第二语言，而且第二语言的水平接近母语水平的儿童，至于每周参加一次英语班学习或每天观看20分钟左右英语会话视频等之类的幼儿英语学习活动，并非本章重点讨论的内容，因为使用那么短的时间学习英语，很难指望儿童在英语学习上有什么大的斩获，对儿童的英语能力的提升也没有什么太大的积极意义，当然也不会对儿童造成什么太大危害，比如不会对儿童习得母语造成什么负面影响，充其量只能引起儿童学习英语的兴趣，或消除他们对英语的恐惧感，所以没有必要急于对儿童实施这样的语言教育。如果真的希望通过语言教育以扩展儿童学习兴趣的话，那么就不要仅限于英语，不妨让儿童接触各种语言，若条件许可的话，让儿童与说这些语言的人进行密切交往，这对提高他们学习语言的兴趣大有裨益。

如果您的孩子长期生活在国外，那么在母语及第二语言的习得方面值得注意的事项就不胜枚举，而且还很难一概而论。不同的儿童，由于其性格、能力不同，习得二语的情形也大不相同，而且母语与第二语言的关系、儿童对那个国家文化的理解程度等因素都会影响儿童第二语言的习得。此时，要充分注意儿童的学习状况，不要过于乐观地认为孩子自然而然地就能习得二语，如果学习环境、条件比较优裕，儿童虽然不能同时习得两种地道语言，至少也能到达非常流畅的程度，但是如果学习环境、条件不太理想的话，儿童两种语言的习得都会受到负面影响（如日常会话虽然不成问题，却看不懂难度稍大的书籍等），而最容易出现的情形是，学会了一种语言而忘记了另一种语言。

第9章　语言与文字教育的可能性

在早期教育中，一提到语言教育，人们首先想到的往往就是文字的读与写。其实，儿童学会了阅读和书写文字不只可以用来读书，还是儿童进入小学之后，学习其他科目必不可缺的基本技能之一，倘若儿童没有掌握好读写技能，不仅影响儿童的学习成绩，而且难以在当今高度文明社会中生存。但另一方面，在当今的日本，我们几乎找不到完全不识字的人，只不过有的人能阅读高深难懂的书籍，能写出令人拍案叫绝的文章，而有些人却不善于文章的读与写。有些孩子从小就擅长读写，有些孩子在读写方面发展迟缓，这也许是受到了不同的中小学教育的影响，在此我们姑且不谈中小学教育问题，而就语言和文字的早期教育的可能性问题做一个分析和考察。

很显然，我们所说的读写能力，不单是指能读对文字的读音或能正确地书写文字，更主要的是能阅读或书写文章、正确理解和表达文章的大意，进而将文章的思想和表现方式运用到个人思想或与他人的交流之中。再者，书面语言建立在口语基础之上，与口语有着密不可分的关系，因此没有必要过度拘泥于文字的读写，应该用更宏观、更深远的视点来看待这个问题，要从婴儿期就已经开始的漫长的儿童语言发展的整体过程，来思考这个问题，否则的话，我们就有可能忽视儿童语言发展中最本质的东西。为此，本章再次以婴幼儿的语言发展问题为考察对象，将焦点聚集到婴幼儿的文字读写上面，在此基础上提出婴幼儿语言习得方面的一些对策。

在思考婴幼儿的语言教育时，有必要考察以下几个重要的时期：第一个时期是尚处于婴儿期的婴儿通过声音与母亲进行亲子交流的时期，正是通过这样的亲子交流，婴幼儿认识了语言、产生了语言；第二个时期是幼儿2岁左右的词汇增长期，从这个时期开始，幼儿的词汇以每天五句或九句的速度急速增长，并贯穿整个幼儿期（有人推测儿童在整个幼儿期里习得的词汇量高达一万个左右，但在这种推测中，并未对词汇进行定义，而且推测方法也不甚严密）；第三个时期是4、5岁之后的幼儿从学说话到学写字的时期，在这个时期里，幼儿以识字为中心，同时开始学习其他各种书面语言，为小学校教育奠定基础。

与上述问题同样重要的是，我们应该如何对待语言发育迟缓或有语言障碍的儿童。在这些儿童当中，有些儿童通过大人精心安排的语言交流，能逐渐掌握语言技能，语言能力也得到顺利发展，但还有一些儿童必须接受专业性的教育。

下面就儿童语言发展与教育的问题进行分析和考察。

1. 习得语言的原则

语言是以一定的发音方式与一定的含义结合在一起而形成的，单词或者把单词通过语法排列出的句子都是如此。所以我们必须要从语音、语义、文法等不同的侧面来考察儿童语言发展的过程。单从语义来说，有的是表示某种物体名称的名词，比如把杯子称为“杯子”，这与请求别人给自己东西时，向对方说“请给我”的情况，在性质上有很大的不同。日语中的寒暄用语、敬语等也有许多不同类型。语言所具有的特征恰恰是它的多样性，因此掌握语言就需要具备各种条件，需要花费很长的时间。

但是，只要掌握了语言的基本要领，儿童在幼儿期结束之前一般都可以学会口语，书面语经过接受学校教育一般也能学好。口语是以家庭为中心，在与家庭成员的互动中学会的，而书面语要以更抽象的方式才能习得。

口语是在日常生活的各种场合当中，儿童通过与家庭成员之间自然而然的交流习得的。儿童之所以每天都能习得大量的词汇，那是因为儿童只要明白了指示物及其相对应的指示词（即明白了大人说话的意思），哪怕这种情况在日常生活中仅出现一次，他们都能够立即记住。当然，要真正准确地理解某一词语的含义以及这个词语的引申义、比喻义等，仍需要相当长的时间，但儿童很快就会记住这个词的核心部分，还能积极地把它应用到生活中。这让我们感觉到儿童好像本来就具有推测词语含义的能力，而且还具有总结词语用法的能力，他们不断地使用这些词语，积极地加入到词语的学习活动中。

儿童对语言的记忆，不是选择语言进行抽象记忆，而是由于生活场面的趣味性引起了他们学习语言的兴趣，因感兴趣而去记忆语言。儿童感觉到语言具有实用性，能帮助自己去完成自己想做的事情。

儿童喜欢学习语言，不仅仅是因为儿童感觉到语言具有实用性。两岁左右的幼儿，大多数处于词汇量爆发性增长期，在这个时期里，儿童们开始觉察到每个事物都有各自的名称，于是他们开始询问身边各种事物的名称，当从大人那里得到答案时，他们感到特别满足。他们会排列一些物品并与名称一一对应起来，仿佛在确认身边事物的次序。那么儿童们为什么要急于知道这些名称呢？他们想知道这些事物的名称，并不是为了得到什么，知道事物名称本身就是他们的目的。这个时期幼儿的词汇量之所以爆发性增长，是来自他们对语言自身的兴趣，并以习得的语言为工具，随时把它运用到活动或游戏中。

从教育的角度来说，我们有必要按照儿童的兴趣扩大他们对语言的关注。这些兴趣，有些来源于语言在游戏和生活方面的实用性，有些直接来源于语言本身所具有的趣味性，这两方面的兴趣相得益彰、缺一不可。在此基础上，要珍视儿童使用语言表达自己心情或想法的语言活动，大人们要耐心地倾听儿童的语言诉求，并用更恰当的语言回答儿童的诉求，或者将儿童的语言诉求换成另外一种表达方式说给儿童听，这样儿童的语言能力就会逐渐得到提升。

2. 语言发展迟缓问题

儿童语言发展迟缓问题是所有父母和教师最担心的事情。实际上在很多情况下，人们的这种担心都是多余的，因为所谓的发育迟缓只不过是儿童语言发展特征上的个性差异而已，有些孩子语言发展得快一点，有些孩子发展得慢一些，这都是很正常的事情，只要孩子在智力以及对人际关系方面都很正常，语言技能总有一天会赶上其他儿童。但是，的确有极少数的儿童，存在着语言发展迟缓的问题，出现了这种情况，需要到保健所、健康中心或当地的小儿咨询中心去咨询，或者请儿科医生帮忙诊断。但有时到保健室去咨询，反而会加剧家长的忧虑，家长被要求注意一些无关紧要的事项，这常常让他们徒添困惑，所以家长应该具备一些有关孩子在语言发展中需要注意的相关知识。

实际上，有时在请教专业人员时很难确定他们的话是否可信，有时本来很令人担心的事反而被告知“没问题”，这更让人感到疑惑。除非问题非常严重，假如只是轻度性质的或发育稍微迟缓的话，家长、保育员或教师必须要有自己的训练方针和计划，保育员、教师也应当把自己的想法向家长解释和说明。

以上关于语言习得的原则过于抽象，下面我们对不同年龄段儿童的语言发展的要点，进行归纳和说明。

（1）零岁到1岁半

这个时期要观察婴儿是否开始出现喃语现象。到了一定的时期，婴儿可能只是呀呀地很快乐地发出一些含义不明的声音，一般在零岁中期到后期，婴儿就会发出一些有节奏的子音或母音的组合音。婴儿之所以发出这些声音，一般认为是婴儿通过玩耍为发音做准备。这个时期，婴儿发出的声音一般没有什么特别含义，假设有含义的话，最多也是表达自己想要什么，或希望有人在身边。他们在做发音练习的同时，还会关注周围发出的声音，对这些声音做出相应的反应。

家长有时也要模仿婴儿的发音行为，如果婴儿到了明白“当我发出‘我’的声音的时候，妈妈就会同我说话”的时候，婴儿就会更喜欢说话，把说话当作一种乐趣，于是就变得越来越想说话了，而且还会更加关注周围发出的声音。这样，婴儿到快要满1岁的时候，就不知不觉地发出了类似日语的声音。

在婴儿比较安定的状态下，使用缓慢而简洁的说话方式，以揣摩儿童心情的心态教婴儿说话，其语言教育效果最为有效。如果婴儿处于兴奋的状态，他就容易无视周围的信息，达不到习得语言的效果。大人看到孩子朝自己看但不明白他在说什么的时候，绝对不要对孩子说“我听不懂”，更不能取笑孩子，而要从他们的口气、表情、眼神或肢体的表现中，尽力去判断孩子想表达什么，哪怕是猜测孩子的意图也行，并用适当的语言回答他们。总之，不要过于一本正经地去教孩子说话，而是要用很自然的方式、以愉悦的声音和他们交谈，让孩子尽情感受到使用声音进行对话的快乐，这些都是婴儿语言教育方面的重要方法。

从这个时期到两岁左右，需要家长特别注意的是儿童的重听问题。孩子虽然对很大、尖利的声音有所反应，而对来自身后的平静的呼唤声却无动于衷，或者孩子频频地盯着家人的表情、嘴型、举动，或者迟迟没有出现上述的喃语现象，这就表明孩子有可能出现了重听问题。什么都听不到的儿童极为罕见，极少数儿童存在着听不到某一范围声波的现象，这一点需要引起家长注意。重听主要是指对高音的反应不灵敏，或难以辨别特定音域声音的现象，有时感冒也会引起短暂的听觉问题，所以最好在身体条件好的前提下对儿童的听力进行判断。出现以上问题时，建议到大医院的耳鼻喉科的听觉障碍诊室接受治疗。

◇（2）1岁半到2岁半

这个时期的儿童大都到了可以说片言只语的时候了。说话早的儿童可以讲一些比如“爸爸，去，公司”这样断断续续的三个单词加一些助词之类的句子，有些儿童在说到“爸爸，去”之后终于想起需要接另一个词，总算能说出别人也能理解的话语了。通常情况下，男孩说话比女孩要晚一些。一般认为，这个时期的儿童语言发展当中，培养儿童对他人话语的理解能力比培养他们学讲话（产生语言）的能力更为重要。当说话人在无身体语言或表情的前提下，即仅使用语言与儿童交谈的情况下，如果儿童对大人的话语产生理解性的反应，并且其数量达到二十句以上的话，就说明儿童的语言发展水平属于正常范围。儿童的语言发展形式存在相当大的个性差异，有些儿童尽管话说得不完整，但他不在乎这些，仍滔滔不绝地说个不停，与此相反，另外一些儿童则比较慎重，他们总是认真地听别人说话，自己却不太喜欢讲话，但一旦讲起话来基本上就是一个比较完整的句子。

在这个时期里，儿童能否与他人进行正常交流、对话，也是判断儿童语言发展是否正常的一个重要指标。在不受外界干扰的前提下，不管是使用表情，还是肢体语言，或者含混不清的发音，只要儿童能与对话者进行正常的互动和交流，就证明儿童的语言发育正常，即使还说不出一个完整清晰的句子，但只要具备了与人对话的能力，儿童就能顺利地进行人际交往，这为语言的习得奠定了基础。

如前所述，这个时期也是儿童不厌其烦、反复追问事物名称的时期，如若儿童进入了这个阶段，说明他的语言发展非常顺利，以此为基础，儿童的语言技能将得到突飞猛进的发展，细心地满足儿童语言发展上的要求，就变得非常重要。

◇（3）2岁半到3岁半

这个时期的儿童大都能说出三个词以上的句子。儿童到了3岁半左右的时候，如果每次开口说话时，仅仅只能发出比如“爸爸”等单一词语，或者同一个问题问了好多遍但得到的回答总是含混不清（不单是特定音，发出的很多声音都几乎很难分辨，幼儿腔一般会持续到五岁前），或者用眼神也无法与儿童沟通的话，那就说明儿童的情况令人担忧，需要接受专家的诊断。

另外，孩子一刻也无法安静，身体不停地活动，完全听不进大人的话，这也许是注意缺陷障碍症的前兆。这种症状通常会自动缓解，之后，儿童的语言发展水平也会跟上同龄儿童，但有时也会出现语言发展迟缓的问题，有必要向专家咨询。

◇（4）3岁半到5岁

儿童到了3岁以后，如果能在睡前给他们读一些图画书，他们可能就自然而然地喜欢上了阅读（当然也可以从更早时候开始）。这个时期，也是儿童开始迷恋图画书并喜欢记忆图画书故事情节的时期。读书给孩子听时，家长不要贪求文章的长度和图书的数量，按照孩子的进度坚持下来就行了。初期阶段，最好将同一本图书反复多次地读给孩子听，这样他们更容易理解图书内容。有些面向幼儿的杂志，其文章的内容大都很有趣，但同一本杂志往往刊登各种不同的文章。所以如果要想读书给孩子听，最好找一册合适的书籍，因为一本有开头、有结尾的书籍，儿童们更容易理解。不清楚孩子喜欢什么样的读物时，最好把孩子带到图书馆，与孩子一起找找看。有时孩子喜欢反复阅读一本书，如果这样的话，最好把这本书买下来并保存起来，它一定会成为孩子的宝贝。在读书给孩子听的过程中，孩子会对书中的文字越来越感兴趣，他们有时会试着把书中的日文假名一一读出来，当然不会识字的孩子占多数。

在口语方面，最好不要与孩子谈论非常难的话题，也不要使用难以理解的语言，最好选择一些日常生活的事情，或是在孩子身边刚刚发生的事情，作为与孩子进行口语交流的话题。如果你的孩子幼儿腔调太浓，或孩子所说的内容让大人无法理解，建议你最好带孩子到医院的耳鼻科咨询。不过，到了这个年龄阶段，儿童开始会把自己和其他孩子相比较，如果他们察觉到自己说话与其他小朋友存在很多差异，就有可能出现讨厌说话的情形，这会让情况更加糟糕。值得注意的是，绝对不要批评孩子说话太幼稚，也不要试图修正孩子说话的内容，更不要取笑孩子。

◇（5）进入小学之前

这个时期儿童应该可以回答“如果怎样的话，该怎么办呢？”这类句型的问题。此时，幼儿腔调依然很重，如果儿童用某个音替代另一个音的情况比较突出的话，就需要治疗，但假如只有一两个音的发音出现错误，则无须过于紧张。出现这种情况时，大人就要以不经意的方式，比如用“是呀，是※※※”的方式，把儿童发错音的地方用正确的发音重说一遍，达到提示儿童的目的。进入幼儿园以后，如果儿童的语言依然难以辨别时，需要确认一下这是否会影响到他与其他孩子的交流，问题严重时需向保健室咨询，必要时应参加语言班学习（通过游戏练习发音的场所）。

许多儿童由于在日常生活中通过图画书接触过日文假名，所以他们能逐一读出假名，但对于仍然不知道假名的儿童，可使用积木，或使用自制边长为5～6cm大小的日文假名卡片，通过游戏的方式学习日文假名，比如让儿童在卡片上拼写自己的姓名、家人的姓名、朋友的姓名或车站名称等，这样儿童很快就能记住许多假名。

这个时候有许多孩子还不会写字，有的孩子很想试着写字，但手不听大脑指挥，这让他们感到特别的焦躁。此时，与其让儿童勉强地使用铅笔写字，还不如找一些粗一点的容易握的蜡笔，让儿童在画纸上随意涂抹。不一定非要让他们写字，可以让他们画一个“×”，或画一个“？”，或者画一个圆圈，旨在让他们练习握笔。教儿童写字，最怕急躁，最理想的做法是让儿童在游戏当中学习写字，千万不要给他们留下写字或识字是一件非常辛苦的事的印象。

◇（6）进入小学之后

儿童进入小学之后，就开始在语文教学中系统地学习语言了，但语言是儿童整天都要用到的，所以不是只在语文课上学学就可以，语言世界博大精深，语言能力要达到一个高的水准，是学校教育的一个重要课题。

尽管在幼儿期里，儿童已打下一定的口语基础，但这还远远不够，需要继续提升，比如敬语的使用方法、根据不同人物或场合使用不同的词语等等，对儿童来说还有很大的难度，这些都需要儿童在实践中体验和学习。另外，描述同一件事情，可以有很多种表达方式，要理解其中的语言奥秘，也要通过体验各种语言情景进行学习。

书面语言能力，尤其是阅读能力，单单依靠学校的语文课很难有较大提高，主要凭借读书进行培养，为此儿童需要阅读大量的、各个方面的文章和书籍。至于写作能力的培养，儿童在日常生活中很少有写作的机会，所以这方面的任务就只好由中小学的作文课来承担了。

3 日常生活中的语言学习活动

上面我们曾经讲到，学校是培养儿童读写能力的主要场所，但即使在一个普通的家庭里，也能找到现代各国文化方面的丰富的语言读写环境和活动，另外，在口语世界里，也有很多可以为读写做准备的活动。

儿童自己阅读图画书或父母读图画书给孩子听，就属于这样的环境或活动，搭文字积木也是如此。家庭里原本就有许多包括报纸、杂志在内的文字媒体，孩子仅仅看到大人读书的样子，其本身就具有教育意义。在日本社会中经常见到的接龙游戏，尽管其本身不涉及文字，但有助于儿童学习音节分解，比如把日语“桌子”的发音分解成tu-ku-e。特殊音节的分解比较复杂，比如以日语“車掌（しゃしょう）”为例，游戏时可提示前面的一个或前两个假名，其他部分用填空的形式完成。玩“石头剪刀布”游戏也具有这样的性质，儿童作出石头手势时就喊：“guriko”（卡通人物）；作出剪刀手势的话就喊“巧克力”；作出布的手势的话就喊“菠萝”。还有按所组词读音的音数向前迈步的游戏，至今仍在许多家庭或社区流传，有时儿童为了多向前迈几步，就把两个连音词如“tyo”故意分解开，读出两节音“ty-o”，也可以用音节比较多的词，或用较复杂的词，这样儿童们做起游戏来，就会觉得更加有趣。众多研究表明，儿童通过游戏对日语的音节进行分解或将文字进行不同的组合，这就为他们掌握日语发音奠定了基础。

总之，在日常生活中，与文字有关或者是更宽泛的文字读写活动越是多种多样，越是丰富多彩，儿童就越能很快地、顺利地过渡到文字读写、书面语言方面的学习。像日本这种产业高度发达的社会，与文字读写相关的活动非常多，从某种意义来说，儿童能自然而然地加入这些活动中，成年人也不知不觉地为孩子们加入这些活动做出了示范作用。

日语音节相对单纯，而且几乎与平假名一一对应，因而学起来容易入门。日语除了特殊音节之外，都在发音的自然停顿点上对应一个文字，这便于儿童记忆，比如我们经常看到许多日本儿童，首先记住自己姓名的假名，然后再从其他文章里找到和自己姓名一样的假名文字来学习日语文字的读写，儿童对自己的名字最感兴趣，上幼儿园的儿童，如果能认识自己的姓名，就能顺利地找到存放柜及自己的物品，这让幼儿更加关注自己姓名的拼写，姓名只有寥寥几个字，学起来并不难。

以下简单介绍几个日本儿童文字习得的研究成果。

4. 文字读写的习得过程

笔者曾作为研究团队的一名成员，有幸参与了东洋教授领导的大型幼儿文字读写过程的相关调查研究，在此想引用其中一部分研究成果以示读者。本次调查以尚未接受专门文字教育的幼儿园的儿童为对象，调查了1 000名以上的幼儿园儿童，但根据对数据进行分析统计的需要，不同调查项目的儿童人数不一定相同。由于调查是在年度的下半年进行的，所以调查对象的实际年龄要比表格上所示年龄稍大一些。（以下内容是在前国立国语研究所进行的调查基础上补充完成的，也可以把它看作是对这次测试结果的一次确认。）

◇（1）幼儿的文字读写能力

在幼儿识读假名的能力方面，正如表9-1所示的那样，幼儿在识读71个清音、浊音、半浊音的假名的测试成绩，女孩的成绩总体比男孩高，3岁的幼儿（实际年龄为3至4岁）平均识读20个以上假名，4岁的幼儿（实际年龄为4至5岁）可以识读40个左右，5岁的幼儿（实际年龄为5至6岁）平均能读出60个左右的假名。总体上来看，幼儿在上小学之前基本上能识读日语中的全部假名。一些特殊音节的读法对幼儿来说稍有难度，所以要在进入小学之后再练习。另外，幼儿识读由假名拼写的单词的情况，与上述的调查结果具有相同的倾向。幼儿还能识读调查者随机挑选的日语假名。

表9-1　识读日文假名测试结果（清音+浊音半浊音）（1995年）

日文假名		3岁 平均（SD）	4岁 平均（SD）	5岁 平均（SD）	所有年龄段 平均（SD）
71个清、浊音、半浊音文字的识读能力	男孩	21.011 （27.275）	37.489 （29.792）	57.461 （22.517）	39.897 （30.393）
	女孩	27.228 （28.245）	46.251 （26.398）	66.464 （12.102）	47.906 （28.154）
	合计	24.127 （28.748）	42.458 （28.748）	61.697 （18.892）	43.717 （29.606）

在假名文字的书写方面，基于时间上的考量，调查者仅选择了组成2个单词的6个假名（分别是つ、く、え、さ、か、な）让儿童们对着样本抄写，写对一个假名计2分，满分为12分。从调查结果看（参见图9-1），5岁的幼儿假名的书写成绩较好。从写字的笔顺来看，5岁的幼儿中写对的孩子比较多，但也有相当一部分的孩子不能按照笔顺书写假名，在写字的笔顺方面，女孩中正确书写的比例也明显高于男孩。

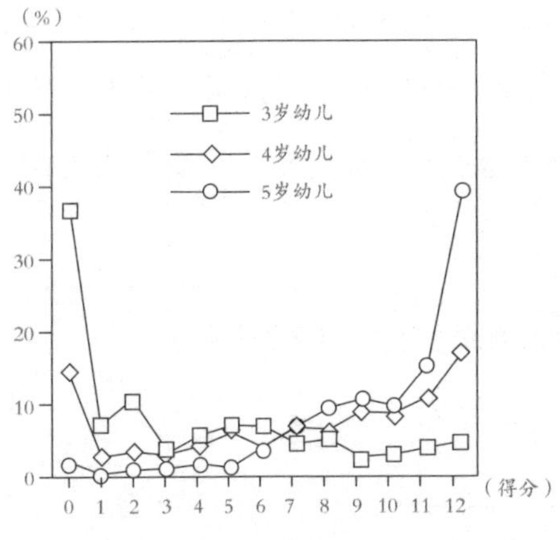

图9-1　幼儿书写日文假名的正确率图

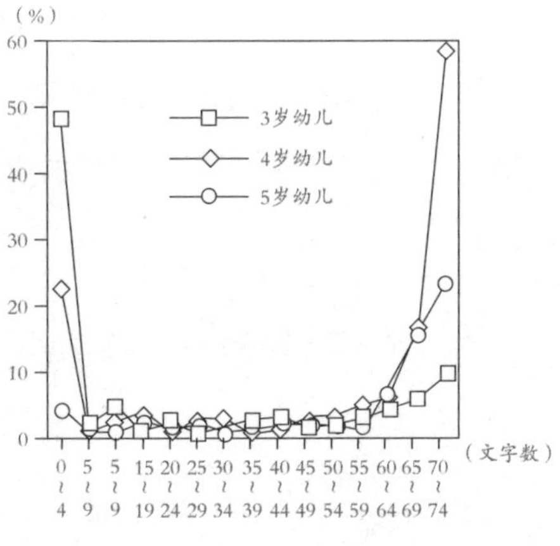

图9-2　幼儿识读日文假名的正确率分布图

把幼儿识读假名的调查结果用图形来表示的话，就如图9-2所示的那样，认识假名的孩子和不认识假名的孩子形成了两个极端，也就是说，在接受调查的1 000多名幼儿当中，绝大多数幼儿要么能识读几乎所有的假名，要么几乎不认识假名，而处于两者之间的幼儿，即能识读部分假名的幼儿比例非常小，在图9-2中几乎形成了一条水平线。但是，幼儿书写假名的情况却大不一样，尽管如图9-1所示的那样，会写假名和不会写假名的幼儿也形成了两个极端，但介于两者之间的，即能写一部分假名的幼儿也为数不少。这是一个非常有意思的现象，这说明“读”和“写”是两个不同的过程，幼儿只要会读几个日文假名，在其后的几个月里进步明显，很快就能读出所有假名，而写则要一个一个字去练习、去掌握。

那么幼儿的文字读、写之间是否存在相关性呢？通过对幼儿的识读测试、书写测试以及词汇测试（幼儿听到某一单词的读音能正确地把它从图画中选择出来）的得分进行相关性分析，发现不管是3岁的幼儿还是4岁、5岁的幼儿，文字的读、写及词汇之间都存在正相关性（参见表9-2），但是，这些相关性程度都比较低，尤其是幼儿在文字的读、写与词汇之间的相关系数都比较低，均介于0.2～0.3，这说明幼儿的语言能力还不是很高，或许读写能力和语言整体能力（词汇基本能反映这种能力）之间还有所不同。幼儿的文字读、写之间的相关性出现了随着年龄增长而降低的现象，这可能是因为幼儿到了5岁左右已经掌握了日语假名的读音的缘故，也就是出现了所谓的天花板效应。

表9-2　识读测试、书写测试、词汇测试的相关性（不同年龄）

①三岁幼儿

测试内容	识读测试	书写测试	词汇测试
识读测试			
书写测试	.604****		
词汇测试	.308****	.398****	

【注】星字符号表示有意程度，符号越多则表示其程度越大（以下相同）。

②四岁幼儿

测试内容	识读测试	书写测试	词汇测试
识读测试			
书写测试	.551****		
词汇测试	.226****	.303****	

③5岁幼儿

测试内容	识读测试	书写测试	词汇测试
识读测试			
书写测试	.398****		
词汇测试	.211****	.253****	

在接龙测试中有8%的5岁孩子对“kisya（火车）”这个词的“sy、a”音比较注意，而注意“ya（车）”这个词的不到20%（参见表9-3）。对“ninngyou（人形）”的“o、gyo”音比较注意的有35%，而注意到词“u、yo”的有近64%（参见表9-4）。由此可以看出，随着幼儿假名识读能力的增强，他们对文字的认识能力也随之得到很大提升。

表9-3　幼儿“kisya”接龙游戏回答统计表（未答等除外）

关注事项	全体（%）	3岁（%）	4岁（%）	5岁（%）
关注音（sy、a）	424（84.3）	51（86.4）	134（90.5）	239（80.7）
关注文字（ya）	79（15.7）	8（13.6）	14（9.5）	57（19.3）

表9－4　幼儿“ninngyou”接龙游戏回答统计表（未答等除外）

关注事项	全体（%）	3岁（%）	4岁（%）	5岁（%）
关注音（お、ぎょ）	206（41.0）	28（45.2）	72（50.7）	106（35.6）
关注文字（う、よ）	296（59.0）	34（54.8）	70（49.3）	192（64.4）

（2）家庭环境与儿童语言习得的关系

在日本家庭里，家长一般会为孩子们购置多少本图书呢？通过调查发现，平均每个家庭，为孩子们购买大约30册绘本、20册故事书、15册学习杂志、11册图鉴等（见表9–5）。从这个调查结果中可以看出，日本的家庭为孩子们准备的图书还是相当多的，但是当问到是否经常读图画书给孩子听时，不少家长选择了“偶尔读给孩子听”。

表9–5 家庭所有孩子图书平均数

图书种类	平均（SD）
绘 本	30.662（16.436）
故事书	19.877（15.178）
漫 画	8.997（12.388）
学习杂志	14.683（13.774）
图鉴	10.734（11.158）

表9–5的数据是根据回答的结果通过以下方法换算得出的

问卷选项	册数
“没有”	0
“1~9”	5
“10~19”	15
“20~29”	25
“30~39”	35
“40~49”	45
“50册以上”	55

下面再看一看幼儿母亲平时对孩子的文字学习的指导与孩子的语言测试成绩之间的关系。如表9–6所示，在识读日文假名方面，如果母亲对孩子进行

了积极的学习指导的话，孩子识读测试成绩最好，家庭学习环境比较完善的话，孩子的识读测试成绩处于中等程度，但如果家长对孩子的学习没有进行任何帮助的话，孩子识读假名的测试成绩最低。幼儿的写字测试成绩与家庭的教育环境的关系，也呈现出同样的倾向，但幼儿的词汇测试成绩与家长的学习指导等之间的关系不甚明显。因此我们可以得出这样的结论，即家长对孩子的学习指导，对孩子在文字的读写方面具有一定的效果。这也说明，在某种意义上早期教育具有一定的积极意义，但早期教育的这种效果需要和其他结果一起综合考虑，这个问题留到下面讨论。

表9-6　母亲的具体指导方法和孩子得分

测试内容	1，积极指导 N=276	2.完善环境 N=800	3.无所作为 N=173	F值
识读测试	57.075 (23.554)	44.361 (28.973)	34.287 (31.271)	32.53**** 1>2>3
书写测试	8.838 (3.571)	6.953 (4.408)	5.989 (4.468)	23.31**** 1>2>3
词汇测试	16.860 (6.144)	16.566 (6.066)	15.923 (6.468)	1.52

家庭持有的儿童图书数量与孩子的语言测试成绩之间是否具有相关性呢？调查结果如表9–7所显示的那样，对于4岁、5岁的幼儿，家庭持有的绘本数量以及学习杂志的数量与幼儿的文字识读、书写测试成绩的相关系数虽然比较小，但都存在着一定的正相关性。值得注意的是，它们还与幼儿的词汇测试成绩具有一定的关系，也就是说，绘本不仅对幼儿的读、写方面具有很大的帮助，而且其积极作用还延伸到幼儿语言学习的各个方面。另外，在家长读绘本给孩子听与孩子语言测试成绩的相关性方面，如表9–8所示，两者的相关性尽管不太大，但仍存在着一定的正相关性，特别是对3岁幼儿的词语测试成绩的影响相对较大，所以经常给3岁左右的孩子读一些图画书，对他们的

语言学习具有积极的作用。

除此之外，本次调查还考察了母亲的学历与孩子的语言测试成绩之间的关系，总体来说，学历比较高的母亲，孩子在文字的识读、书写以及词语的测试上的得分比较高。

表9-7　家庭持有的图书数量与幼儿语言测试成绩的相关性

3岁	绘本	故事书	漫画书	学习杂志	图鉴
识读测试	.047	.061	−.115*	.076	−.010
书写测试	.100	.123	−.067	.110*	.019
词汇测试	.139**	.132	−.080	.059	−.022

4岁	绘本	故事书	漫画书	学习杂志	图鉴
识读测试	.193****	.113*	−.054	.155*	.037
书写测试	.146**	.052	−.012	.121*	.003
词汇测试	.209**	.095	−.014	.121*	−.121*

5岁	绘本	故事书	漫画书	学习杂志	图鉴
识读测试	.143**	.146**	.049	.142**	.033
书写测试	.121*	.098*	−.034	.045*	−.023
词汇测试	.148**	.096*	.068	.138**	.016

表9-8　家长读书给孩子听与幼儿语言测试成绩的相关性

测试内容	整体	3岁	4岁	5岁
识读测试	.036	.186***	.121*	.115*
书写测试	−.047	.136**	−.012	.038
词汇测试	.042	.299****	.068	.083

(3)幼儿语言考试成绩对小学语文成绩的影响

能识字、能写字就能阅读文章，就能做大人能做到的事，这对幼儿来说是件非常高兴的事情，还有人认为如果幼儿在幼儿园的读写文字的成绩优秀的话，那么他进入小学之后的语文成绩也一定出众，这一点至关重要，这种主张到底有多大的可信度呢？为此，我们在这里想考察一下儿童从幼儿园大班到小学一年级的这一年时间里，他们的学习成绩到底发生了什么样的变化，能够用来跟踪的样本共有263名儿童，对他们在小学一年级阶段的词汇能力和语文能力（文章读解能力）分别进行了测试。

如表9-9所示，儿童在小学时的词汇和语文的学习成绩，与他在幼儿园时的读、写、词汇等成绩都呈现正相关性，以幼儿园的语言测试成绩与小学

表9-9 幼儿园词汇能力与小学语文能力的相关性

	小学测试成绩	
	词汇测试	语文测试
幼儿园识读测试	.336****	.309****

	小学测试成绩	
	词汇测试	语文测试
幼儿园书写测试	.187****	.162****

	小学测试成绩	
	词汇测试	语文测试
幼儿园词汇测试	.554****	.400****

语文成绩之间的关系为例，从表9-9中可以看出，儿童小学的语文成绩与他在幼儿园的词汇测试成绩的相关系数最大（0.40），其次是识读测试成绩（0.31），与他在幼儿园的书写测试成绩的相关系数最低（0.16），也就是说，儿童在幼儿园时习得的语言能力对他在小学取得好的语文学习成绩具有积极作用，而对儿童小学语文成绩影响最为突出的是他在幼儿园时所掌握的词汇能力，儿童的词汇能力不是靠做练习而获得的，而是更多的来源于儿童生活中丰富、多彩的语言活动，这一点已在前面提到，在此不再赘述。

由上可知，语言方面的早期教育，对儿童今后的语言发展具有一定的积极作用，特别是在幼儿期让儿童习得一些读写知识显得格外重要。但是对于日语的假名而言，大部分幼儿即使没有经过特别训练和练习，也能在上小学之前习得这方面的知识和技能，因此，对日本的幼儿来说，早期的假名识读教育没有太大的意义。幼儿的假名书写的确需要接受专门指导，但它对小学的国语成绩影响不大，不同的幼儿在幼儿期里获得的书写能力高低不等，但进入小学经过教师的专业指导，这方面的不足可以得到弥补。幼儿在幼儿期里培养一定的词语能力的重要性不容置疑，但正如前面所论述的那样，幼儿的词语能力的习得主要依赖于生活中丰富多彩的语言活动，其实这个道理不言自明，因为语文能力不是建立在对个别词语的读写上，它是建立在包括文字读写在内的、有关口头语言和书面语言等整个语言活动基础之上的语言活动，也就是说，平时经常多阅读、多写作对语言能力的提高至关重要，为此必须不断地丰富词汇的数量和措辞的方式。

另外，内田伸子的研究对儿童的早期语言教育颇具启发意义，该研究跟踪调查了幼儿园的大班及小学1年级的儿童在识字、假名抄写、作文方面的能力，在进入幼儿园大班的第二个月（即5月份）、第十个月（即翌年的2月份）以及进入小学1年级之后的第三个月（即6月份）、第六个月（即9月份）[①]，先后对相同的儿童实施了语言能力测试。从跟踪调查的结果看，在假名抄写方面，随着从幼儿园大班的5月份到小学1年级的9月份，男童与女童之间的差距逐渐减小，趋于均等，儿童在文字抄写上的差距也逐渐变小（如图9–3）。还有，在让儿童用假名续写《嘟嘟的故事》续集的活动中，幼儿园大班的孩子出错率比较高，但到了小学1年级9月份，孩子们写作的出错率几乎为零，这足以说明儿童到了小学1年级的第二个学期，都已学会书写日文假名了，书写日文假名的学习任务也宣告结束，这也从另一个侧面证明，在文字书写方面，儿童不论在幼儿园的学习基础如何，进入小学之后，经过小学的语文教学，都能跟得上其他同学，学习成绩与其他同学也能持平。

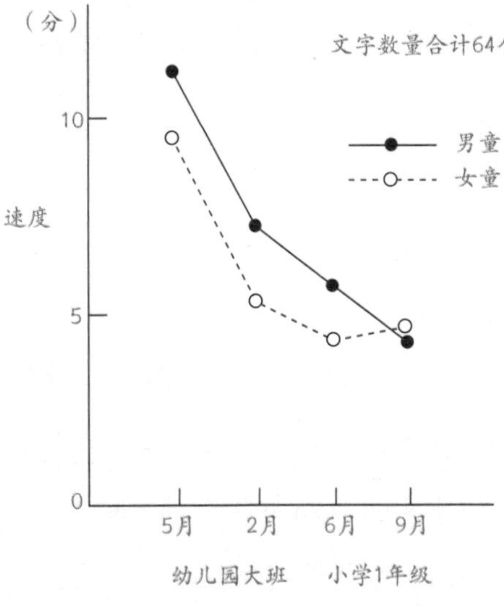

图9–3 抄写文字的速度（1994年）

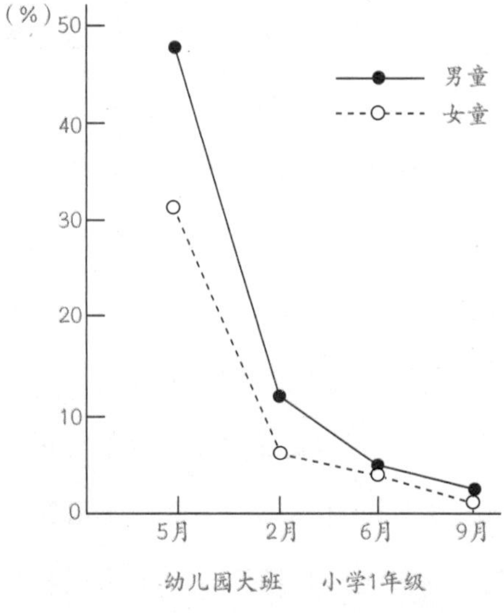

图9–4 续写“嘟嘟的故事”的错字率

① 日本的新学期始于每年的4月1日，终于第二年的3月31日。——译者注

5. 读写的语言环境

为了培养儿童的读写能力，更进一步地说为了培养儿童包括书面语言在内的整个语言能力，在儿童的幼儿期只要向他们提供丰富的语言环境就可以达到目标吗？特别是幼儿教育机构（如幼儿园等）应该对儿童进行什么样的指导呢？以游戏活动为中心的幼儿教育方式真的可行吗？我们是否有必要对幼儿实施类似早期教育那样的、有系统的语言教育呢？这些答案已经不言自明了，但在这里还想就“丰富的语言环境”中的“丰富”的含义，结合亨普希尔（Hemphill，L.）和斯诺（Snow，C.）的一些学术观点，进一步进行分析和说明。

整体语言方法（Whole Language Approach），又被称为“自然发生的读写能力”[①]（Emergent Literacy）等理论认为，在家庭中如果家长与孩子间有语言交流，并且还创造了极其丰富的与书面语相关的刺激或活动（诸如阅读书籍、写日记、写信等），孩子就会自然而然地、顺利地习得口语，甚至包括读写文字在内的书面语言。这里所说的“环境”就是本章一开始就谈到的语言发展环境，以及具有丰富的与书面语相关的材料及活动（如给儿童读图画书等）。关于这一点，没有哪一个家庭不愿意提供这样的语言环境，但在实际幼儿教育中真的能做到吗？因为幼儿教育是一种有意图的教育活动，加之每个家庭的情况又不尽相同，从上述的调查中也发现家长的学历不同，孩子

① 我国学者将此翻译为“读写萌发”或“生成性的读写能力”。——译者注

语言的习得情况也不一样，这些我们都可以从其他方面予以弥补。

整体语言方法理论可以简要概括如下：

① 语言和读写能力的获得，是一个自然、快速的过程，任何人都能获得很高的语言能力。

② 以团体的形式参与交谈、交流的实践活动，即使儿童没有直接地接受语言教学，也能催生他的语言和读写能力。

③ 语言和读写能力是根植于对社会关系的认识结果的，它不是个人性的东西。

④ 儿童为了表达自己的交流意图，而学习语言、学习读写。

⑤ 在儿童习得语言和读写能力的形式中，一个最重要的手段是通过故事的形式。通过故事，儿童将他们的经验进行组织化，就可以自然地、普遍地掌握语言和读写的技能。

但是，实际上，家庭教育与幼儿园教育、小学教育是两种不同的教育，而且在学校教育中，口头语言教育与书面语言教育又是按照不同的教育活动形式进行的。这里我们以儿童讲述个人经历的活动为例，分析家庭教育和学校教育在这方面所表现的不同特征，这是因为面对他人，既清清楚楚又有条不紊地讲述自己的经历，虽属于口头语言的活动范围，但它又是为了读写等书面语言做准备的一个重要活动。

在家庭生活中，比如孩子在饭桌上讲述他自己的一些经历和所闻所见。让我们来看看这种场合的一些特征：首先在这个过程中不可能是孩子一个人唱独台戏，家庭的其他成员常常加入进来，与孩子进行对话和交谈；其次，孩子所讲述的一般都是他个人的经验和见闻，父母以及家庭的其他成员，以孩子话语中所出现的人物、发生的事情或某一方面的知识为话题，进行插话、补充，让对话顺利地进行下去，他们要么赞许孩子说得好，要么向孩子提出一些相关问题，要么用不经意的方式修正孩子的话语。这个时候，大人比较注重孩子说话内容的趣味性，不太介意孩子的话是否说得完全或信息是否正确。

在幼儿园和小学，如果教师将儿童集中到教室里，让儿童们回顾在校的学习生活，在这个场合中，儿童们的发言内容常常由教师规定，每个儿童也不是想发言就能发言，大多数情况下，儿童只有得到了教师的许可才能得到发言权。这个时候，一般要求儿童的发言要能明确地传递信息，儿童之间的插话也非常少，教师有意识、有意图地将儿童的语言学习由口语向书面语转换，即使是在口语讲述方面，教师也要求儿童将自己的经历完完全全地讲述出来。

由上可以看出，儿童在学校与在家庭的讲话方式有很大不同。学校在教育目标上有意图地培养儿童的书面语言，而且面对的对象是众多的儿童，作为学校来说这样的想法和做法也许是理所当然的，但是，由于它与家庭教育之间的差异过大，因而未必能够激发儿童的讲话热情、提高儿童的口述能力。如果学校与儿童的交流方式明显地有别于家庭，如果儿童的性格不是非常开朗的话，儿童就对于他该讲什么、该如何讲等问题，感到迷惑和不知所措，甚至还让他们产生少讲为妙的错觉。

学校对书面语言的“自然”教育（日本通常在小学实施）就是，诸如儿童在读完一个故事之后，让他们相互介绍故事的梗概，或者让儿童写写日记或书信，这样做不是只让儿童掌握一些读写方面的孤立技能，而且可以引导儿童参与到读写的实践活动中，这也是整体语言教育的特点。这样做的话，不仅能让儿童适应形形色色的语言活动，而且能唤起儿童的兴趣。不过，在实际的教学中，常常出现儿童使用的语言比较简单、喜欢套用习惯用语、对文章的理解产生困惑等问题。

从以上分析来看，家庭的语言环境比较丰富，在家庭教育中孩子常常是教育的中心，父母对孩子的教育就比较细致、耐心，如果把这样的家庭教育模式简单地搬到幼儿园或小学，一方面难以做到，另一方面即使做到了，也不一定能产生好的教育效果，有时甚至会造成孩子的混乱，这是因为家庭与学校在教育目的、教育形态等方面存在着显著的差异。那么，到底应该如何改善儿童的语言教育呢？一味地让儿童做语文练习显然行不通。正如前一章节所论述的那样，书面语言教育的内容极为宽泛，因此注重其中的儿童文字读写素质，尽管有其必要性，但如果过分拘泥于某一个狭隘领域，未必对提升儿童的语文整体能力有裨益。

重要的是，如何让儿童有更多的机会去参与更丰富的读写活动，不仅应该让儿童经常接触故事性强的文章，而且有必要让他们更多地接触说明文、使用说明书等形式的文章。语言游戏对儿童语言能力的提高也非常有效。语言被定位为人们交往、交流的工具，因而增加人际交流的机会固然重要，但同时也要对语言本身进行思考、比较，享受语言带来的快乐。运用语言，能撰写篇幅较长、概括性较强的文章，要达到这样的目标，其途径、方法多种多样，不要拘泥于某一特定方法，创造各种机会，让儿童不断地去尝试，这或许是儿童语言习得的最佳途径。

BUS

第10章　数的理解与算术教育的可能性

幼儿是否应该接受类似小学那样的有系统的算术教育呢？在日本，大街小巷的书店都兜售各种算术练习册；面向幼儿的综合性育儿杂志大都把开辟算术专栏作为杂志的一大亮点；一些日本校外补习塾甚至声称，只要把幼儿送到他们的补习塾学习，其算术成绩能超过在校小学生。看到这些宣传，许多家长尽管不指望自己的孩子能达到那么高的算术水平，但自然会想到孩子进入小学后，算术也和读写一样，是孩子们必须掌握的一门重要基础学科，假如孩子不能很好地掌握这门学科，到了小学高年级，就会影响到孩子其他科目的学习成绩，也就是孩子的小学算术跟不上的话，那么孩子的前途就令人担忧。因此，许多家长急切地想知道，孩子在上小学之前是否应该预先学点算术。有些家长甚至认为，如果在孩子幼小的时候没有很好地对他们进行算术教育的话，进入小学以后麻烦可就大了。

除此之外，一些家长还认为孩子长大之后一般都会讨厌数学，但幼儿一般喜欢算数，而且他们看起来也学得很快，既然如此，就应该向幼儿教授算术知识和技能，让他们的才能及早得到发展。

有很多家长都持以上想法。事实上，几乎所有的幼儿都对数字感兴趣，他们都喜欢数数，一旦教会他们数数，他们就往往希望继续数下去，从中也学会了数数的诀窍。所以很多家长主张应该让自己的孩子从幼儿期开始学习算数，他们常常抱着如下期待：如果能利用幼儿期对算术的喜好去施教的话，以后既不会出现孩子讨厌算术的问题，也不会让算术成为日后学习的短板，而且还会提高孩子的学业成绩，避免孩子因不擅长算术而导致跟不上班级学习进度的情况。

那么以上想法究竟有多少科学根据呢？本章就此问题进行深入的分析和讨论。实际上，如果回顾和总结有关儿童对数字理解方面的研究，不难发现学术界在这方面的研究获得了很大进展，也得出了一些令人信服的研究结果。第一，处于幼儿期的儿童确实对数字表现出浓厚兴趣，即使不刻意地教导他们学习计数，他们也会自发地进行大量与数字相关的心理活动，这些活动的结果让他们获得了意料之外的算术基础能力。第二，从另一个方面来说，许多研究显示我们确实有必要对儿童进行系统的算术教育，这种系统教育主要是针对儿童对笔算原理的理解和实际运用。笔算与默算、摆弄实物做加减法不同，它使用了极为特殊的方法对数与数的关系进行计算，儿童很难自然而然地理解和掌握它，所以必须对儿童进行这方面的教育，但是该不该在幼儿期就对儿童进行笔算教育呢？这显然是另外一个问题，而且到目前为止似乎也没有哪些研究能明确地证明其必要性。但是有一点是显而易见的，那就是儿童在小学学习笔算时，大部分儿童基本上能理解笔算的含义，但也有一部分儿童对笔算的理解比较缓慢，有的儿童甚至一直不擅长笔算。尽管如此，许多事实都证明儿童在幼儿期即使没有受过系统的笔算训练，但只要在小学阶段，对他们进行细致的笔算指导，也不会有大问题。

事实上，日本等东北亚文化圈的文化，有利于儿童理解数与数的关系，也有利于儿童笔算启蒙教育，这些国家或地区的整体文化对数字比较敏感，也重视数字的运用，比如说，在这些国家里，年龄、身高、体重等常常都用数字来表示，诸如纸牌等竞技游戏，也多用数量

（点数）来决定胜负。

东北亚文化圈国家的儿童擅长算术的另外一个重要因素，就是计数时习惯使用十进制数字系统。从1数到10后，从11开始就如同“shi-yi”那样，在10的基础上再从1重复一遍。这样的表达方式与英语国家明显不同，英语对数的表达方式是十二进位制，英语到了13才开始用“10加3”的方式来表达，即便如此，英语3的发音［θri:］与13的发音［'θə':ti:n］也不相同，它们之间的对应关系也不太明显，只是到了20以后才开始出现明显的对应关系。所以在理解十进位法上日语比英语更简单，日语国家的儿童也容易记住99口诀表等数与数之间关系的原理。

下面我们参考日本学者吉田甫和美国学者西格勒（Siegler，R.S）的研究成果，从幼儿成长发育的角度来探讨如上所述的儿童算术的教育问题。

1. 幼儿对数的原理的理解

在儿童面前摆放几个玻璃球，如果他能知道面前总共摆放了多少个玻璃球，对此我们称为集合数目（基数）的理解。当然，玻璃球也好，椅子也好，人也好，只要是能够被区分开来的物体，即使它们混合在一起，我们都可以通过数数的方式，知道每一种物品总共有多少。

当我们面前摆放了一些物品，我们一边用手指一个个指着这些物品，一边按顺序念道“一、二、三……”，当数到最后一个数的时候，这最后的一个数字就是这个集合体的数目。我们通常采取这样的方法计数，这也几乎是所有民族采用的计数方法，可以说它是我们人类的一大发明。

实际上，幼儿在获得这种识别物体数目方法之前，他们在一定程度上就已经对集合数目有所理解。例如，半岁左右的婴儿就已经明白一个、两个、三个物体之间在数目上的区别，这是通过以下方式推测到的，即用圆点来代表数，半岁的婴儿对一个、两个、三个圆点表现出不同的反应，但对原点的大小以及圆点布局的差异，表现出来的反应却是相同的。另外，这个年龄的婴儿似乎很难区分3个以上的物体数目，儿童要到4、5岁之后才能明确区分4和5以上的数目。即使是婴儿也能够识别3以内的集合数目，在专业术语上称为“感数”（Subitizing），也就是通过视觉一眼看过去凭直觉迅速而准确地识别小数量集合数目的能力，即使是成年人，看一眼就能准确判断物体的数目充其量也只有3到4个。

2岁以后的幼儿，在“感数”能力的基础之上，经过自己反复多次的数数经历，以及反复多次听别人或自己数数时念叨数词的声音，把这些无数次的练习与认数活动相联系，逐渐强化了认数学习能力。到了幼儿期，儿童还能学会如何数人或树木的数量，甚至学会如何数物体移动（如人向上跳跃）的次数。

随着对集合数目的理解，儿童逐渐学会了他们认数范围内的数与数相加或相减的方法。向4岁左右的儿童展示玻璃球，一只手上放2个玻璃球，并让他确认玻璃球的数目是“2个”，再在另一只手上放3个玻璃球，也让他确认玻璃球的数目是“3个”，这时把两只手合到一起，向儿童提问：“总共有几个玻璃球？”大多数儿童都能回答是“5个”。儿童在回答这个结果时，不是看着玻璃球逐一数出来的，而是在他们头脑中把2个和3个加到一起而计算出来的，当然这需要孩子会数到5才行，而且被加数、加数以及和（即相加后的结果）都必须是他们数出来的数字，只有符合这些条件，他们才有可能回答出正确答案。

2. 数数

所谓数数（计数），是指对某一集合数目，使用语言（念叨数词）数其数目有多少的一种行为。数数不仅仅只是念叨数词系列，例如在家泡澡时，有些家长为了让孩子在浴池里多待一会儿，常常让孩子数到10或数到20才让他从浴池里出来，这样做尽管能帮助孩子记忆数词及其顺序，但却不是真正的数数。一般情况下，用嘴念叨数字与数数之间，存在着很大的差异。

心理学家格尔曼（R.Gelman）首次提出了在幼儿计数行为的背后隐藏着抽象的原则。

第一，一对一的原则。所数的集合中每个物体只能对应一个数词。对同一物体数两遍，例如数了两遍“2”，或者把第三个物体和第四个物体合到一起，都读作“3”，如果出现类似的情况，就表明儿童不能正确数数。出现这种情况的原因，是儿童不能很好地依次逐一数数。

第二，固定顺序原则。唱数时数词的顺序应当始终不变，而且还必须与物体对应起来数。比如儿童唱数时，念成“1、2、4”或“1、3、4”，就会产生错误答案。

第三，基数原则。儿童唱数时数到的最后一个数词就代表这个集合的总数。比如当你问一个小孩“总共有几个”时，小孩就会按“1、2、3、4”的次序数下去，并重复（说两遍）最后一个数词“4”，被他所强调的“4”，就是他数数的答案。但儿童在某一时期，会出现如下情况，即他们也能按

“1、2、3、4”的次序数下去，但不重复最后的数词，这说明他们还没有完全理解数数的原则。

第四，顺序无关原则。物体被数的顺序与所得到的最后数数的结果没有关系。对某一物体集合计数时，不论是从左向右数，还是从右向左数，或者间隔着数，只要按照数词的次序数并且每个物体只数一次，得到的最后结果都是相同的。这个原则对幼儿来说有点儿难，有些幼儿会固执地坚持用其中某一特定的数法，比如一定要从左向右数，幼儿到了5岁左右才基本上理解这个原则。

第五，抽象性原则。数数活动不受物体的特性（如大小、形状、颜色，是否摸得着等）影响。前面的4个原则适合于对任何物体的集合计数，也就是说不管计数对象具有什么样的性质，都可以把它们的数量数出来。有些3岁左右的幼儿，尽管数数可以数到5，如果让他们数诸如玻璃球那样小的球形物体，他们很快能数出来，但是让他们去数纸张、铅笔等物品却不一定能数得出来，更不用说要让他们数物体移动（如人向上跳跃）的次数了，若想幼儿能顺利地数出物体移动的次数，一般要等到幼儿期结束的时候才行。

总之，儿童到了5岁左右可以遵守以上的原则去数数，就算他们在数数的时候产生了错误，也不能说他们没有理解以上的数数原则。比如，儿童在数数时比实际物体的数量多了一个或少了一个，这可能是他们漏数了一个，或者是对同一物体数了两遍而造成的，但他们基本上还知道遵循以上原则，这时大人如果对结果流露出怀疑的表情，或者对他们说“真的是这么多吗？”儿童们会再数一遍，通常下一次就能得出正确答案。再比如说，儿童对同一物体数了两次，这时可以让他们把玻璃球好好地排成一列，在此基础上重数一遍的话，这些错误通常能够得到纠正。儿童们犯下的这些数数错误，与其说他们尚未理解数数原则，倒不如说他们在实际操作中产生了偏差，只要把问题的难度降低一点，或者让他们多数几遍，这些问题都会顺利得到解决。

刚开始学数数的3、4岁幼儿，或许不能突然省悟上述的数数基本原则，他们在各种各样的场合中，通过反复多次的数数练习和实践，渐渐地学会了数数，也逐渐掌握了数数原则的普遍性。

虽然这么说，但人类从小就能数数，可能与人类基因有很多关联。以儿童数玻璃球为例，如果儿童还只能从右向左数，即使是这样，他们也能比较顺利地数出玻璃球的数目，不单是因为他们按照大人所教的数数方法进行了反复练习，或许还由于他们具有这个天赋，或者是他们在婴儿期通过某种方式而获得的。不管是哪个儿童，他们早晚都能学会数数这一技能，从这一事实当中可以看出，数数是我们人类本身所具备的能力。京都大学灵长类研究所的研究结果显示，黑猩猩在人类训练之下也能学会数数，但训练黑猩猩从4数到5大约需要一年时间。与此相比，人类即使没有接受特性训练，但只要在日常生活中反复实践，也能自然而然地掌握数数技能。

另外，儿童数数时，需要大量地背诵数词，否则数数就只能局限在一个小的范围内。在本章的开头，我们就提到，数词的结构与文化紧密相联，也就是不同文化具有不同的数词结构。中国、韩国、日本等东亚国家，因为采用的是十进位制，所以便于人们数数或计算，至少可以说，数词进位以10为起点的东亚国家的数词结构，比起使用英语的国家，儿童更容易学会数数。这种推想也从一项实证研究当中得到证实，一项有关美国儿童和中国儿童数能力的比较研究，调查了中美两国儿童各个年龄阶段的数数水平，并对各年龄段儿童最多能数出的数值的中间值（即大约一半儿童能达到的数数水平）进行了分析比较。结果显示（参见图10-1）：两国3岁的儿童大都能数到10左右（因为取的是最大值，所以比实际能数得出的数值偏大），因而看不出两国文化对其造成的影响；3岁之后，两国儿童的成绩的差异越来越大，到了5岁的时候，中国的大多数5岁儿童都能正确数到100，而美国大多数5岁儿童只能数到40，两国的文化对儿童数数的成绩产生了比较大的影响。当然，造成中国及东亚各国儿童与美国儿童在数数成绩上这种差异的原因非常复杂，但可以肯定的是数词背后的文化是其中的一个重要原因。

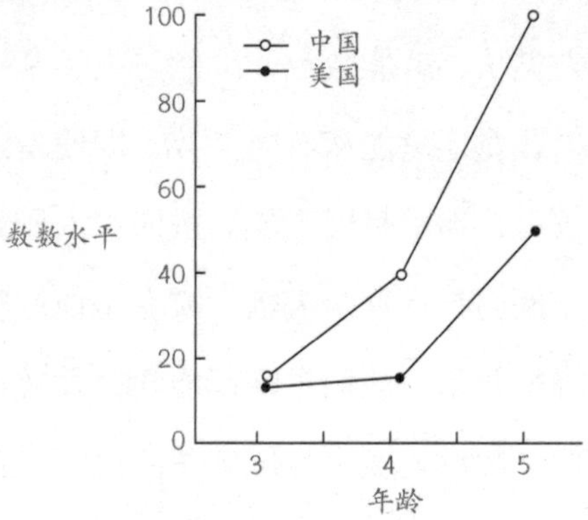

图10-1　中美两国3、4、5岁幼儿数数水平的比较

【注】图中的“数数水平”指的是各年龄段幼儿最多能数出的数值的中间值（Siegler, 1998）。

3 幼儿进行20以内加减法的策略

上小学之前，大多数5、6岁儿童，一般都能数到20，正如刚提到的那样，在日本等东亚国家，一些擅长数数的儿童还能数到100。在这种情况下，这些儿童即使不会笔算，也在相当程度上做一些加法或减法的计算。这里首先讨论这样一个问题，即没有接受过学校算术教育但仍会做个位数加减法的儿童，他们到底采取的是什么样的计算方法呢？在此以20以内加减法为例对幼儿的计算方法进行考察和分析。

幼儿尚未在学校接受过笔算的正规学习，所以他们不可能使用笔算的方法进行加减法演算。如果认为幼儿先记住几个加几个等于几个之类的加减法运算结果，当遇到这样的计算问题时，立即把答案从他们的记忆中回想出来，这样的推测也并不符合实际情况，因为只有进入小学学习的学生才逐渐开始使用这样的方法。其实幼儿在上小学之前就已经使用各种方法、策略进行加减法运算（其实我们成年人也是这样，成年人除了用纸和笔进行笔算、暗记答案之外，也常会使用一些其他计算方法和策略）。幼儿对于计算有时用头脑思考的策略（比如对相似答案进行变换等），但更多的时候是使用手指或玻璃球等策略进行计算。

幼儿使用手指这一策略进行计算的发展过程，主要经历了如下几个阶段。最初，幼儿只竖起被加数的手指（如被加数是4的话，就竖起4根手指）（有些幼儿采用弯曲手指），然后，他一边念着加数（比如3），一边再竖起

3根手指（弯曲手指也行），最后，幼儿把先后竖起来的（或者弯曲的）手指，按一定顺序数一遍，从而获得了4+3的结果7，这是幼儿使用手指计算的第一种方法。后来，幼儿学会了一种更简便的使用手指计算的方法，前面的步骤与第一种方法相同，即先竖起4根手指表示被加数，但幼儿在竖起3根手指表示加数的同时，嘴里数着5、6、7，数完之后就自然得出了答案7。再之后幼儿用手指计数的步骤更简单了，先是嘴里直接数出被加数4，然后再依次竖起3根手指表示加数，嘴里同时数着5、6、7，这样由最初的三个步骤简化成一步，用手指计算的速度也就快得多了。到了幼儿后期，绝大多数幼儿都会明白，两个数目相加，把较大的一个数目当作被加数，放在前面，这样计算的速度就会快得多，比如2加5，被加数和加数的顺序交换一下就变成了5加2，这时只需要竖起2个手指就能得出答案，这说明幼儿此时已理解了加法的交换律（即两个加数相加，交换加数的位置，和不变）。

当幼儿遇到较难的计算问题时，他们还学会了思考如何分解数字的方法。以9+7为例，幼儿发现可以先算出10+7的答案，即17，然后再对17-1进行计算，最后得出的结果就为16。

幼儿学会了计算之后，就会追求计算的速度和准确度。这种速度和准确度来自两个方面，一是幼儿学会了判断，针对某一计算问题，如何选用最合适、最好的计算策略，二是选好计算策略之后，如何更快地得出准确的计算结果。比如说幼儿遇到计算问题时，常会做出如下判断：从记忆中提取答案最快，但有时会出现错误；把较大的数目当作被加数，这样计算起来速度会加快；从1开始一个一个数下去，这种方法很稳妥，但计算的速度相对较慢；等等。

幼儿们就是如此习得各种各样的计算策略，由于他们懂得采用不同的计算方法、计算策略，会导致计算速度和准确度的不同，因而逐渐掌握了根据计算问题和情景选择合适的计算策略的能力。如果我们把从记忆中提取信息的方法称为“记忆提取策略”的话，那么除此以外的策略就暂称为“备用策略”，之所以将其命名为“备用策略”，是因为这是作为不能立刻解答问题时的备用，即紧急时刻的事先准备。4、5岁的幼儿，当他们碰到难度较大的加法问题时，选择备用策略的倾向明显升高，也就是对于不同难易程度的问题，幼儿或多或少都会选择适当策略。幼儿及小学一年级学生，根据计算问题的难易程度，选择记忆提取策略之外的备用策略的情况，如图10-2所示。无论对于加法还是减法，计算问题的难易程度（参试儿童答错率）和儿童运用外显策略之间，都呈正相关，并且都呈现正比关系。

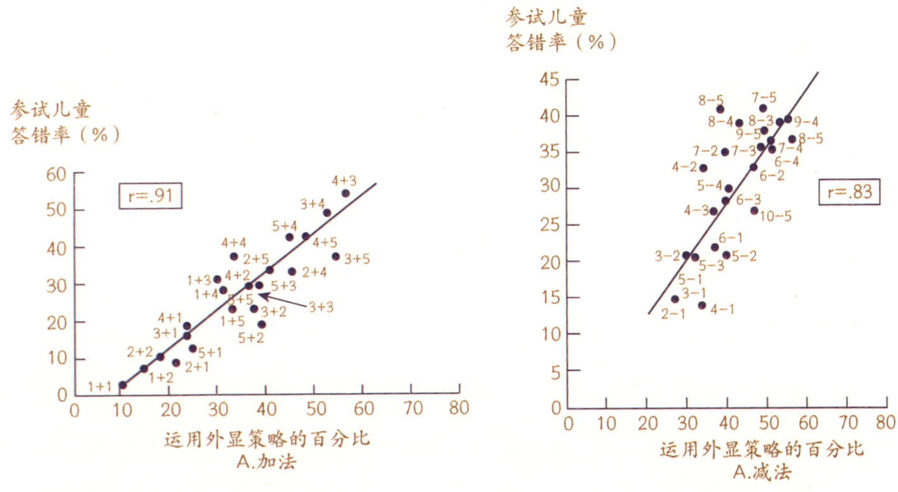

图10-2 计算问题难易度与儿童运用外显策略之间的关系（Stegker，1998）

从表征模式的选择来看，如图10-3所示，当儿童遇到较简单的问题时（例如：2+1），计算问题和正确答案的联系非常紧密，而其他答案（答错了的答案）没有超出一定的概率（把错误答案认为就是正确答案的自信水平的基准）；当儿童遇到比较难的问题时（例如3+4），由于儿童在这之前曾有多次答错的经验，因此除了正确答案7之外，错误的答案（比如5）也与计算问题联系紧密，并且儿童把错误答案当作正确答案的自信程度超出了一定基准。所以，当儿童从记忆中提取唯一答案的策略不太顺利的时候，他们就不得不转向依赖作为备用的策略。

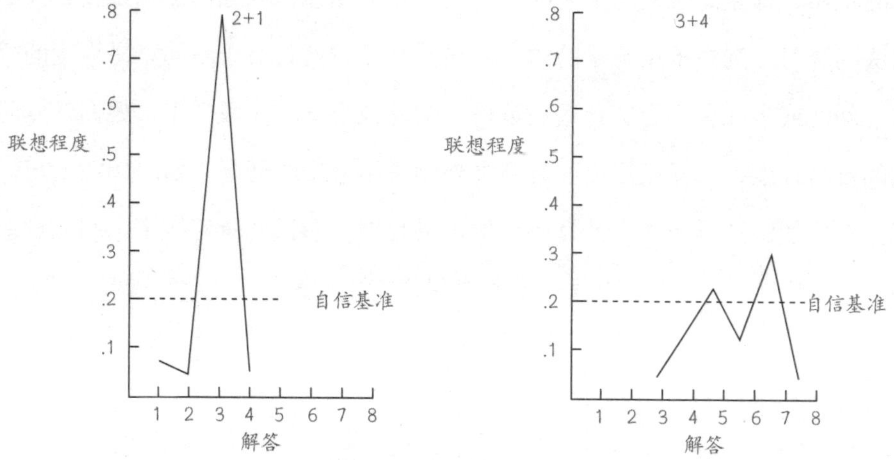

图10-3 计算问题的解答联想分布（Stegker，1998）

西格勒（Siegler，R.S）提出的表征模式很好地解释了上述现象。如果儿童对某一个计算问题总是做出错误的解答，那么这一计算问题与错误解答之间的联系就会变得非常牢固，从而大大增加了他以后出现同样错误的可能性。那么如何让儿童不再重复错误呢？西格勒认为，当儿童对计算问题解答错了的时候，运用备用策略，让他们知道正确答案，这样计算问题与正确答案的联系就会加强，他们就会放弃旧的计算策略而选择新的计算策略。实际上，在小学一年级能正确运用备用策略的儿童，到了二年级就能正确运用提取策略。

在运用上述方法的时候，一定要注意不要急于让儿童选择难度较大的问题，首先应该让儿童使用手指或玻璃球等工具练习计算，直至计算得准确无误，这一点非常重要，因为如果家长对孩子的计算急于求成的话，儿童就只好依赖记忆，从而增加了错误的概率，从长远来看，这反而延缓了儿童掌握正确计算方法的进程。

4 算术上的个体差异

上述的西格勒的表征模式，揭示出儿童在学习上的个体差异主要表现在两个方面。一是儿童对解答每一道算术问题，在何种程度上理解到他的解答是准确无误的，也就是在表示计算问题与正确答案紧密联系的图10-3中，显示正确答案的曲线到底有多尖利。二是在通过记忆提取所进行的解答上，儿童对自己的解答持有多大的自信，因人而异，也就是儿童在自信基准上存在差异。

一项对小学一年级学生为对象的研究，按上述两个方面的差异，将儿童分成三种类型：做得好的学生、做得不太好的学生、追求完美的学生。“做得好的学生”比“做得不太好的学生”，无论是运用记忆提取策略，还是解答问题的正确率都高，速度也相对较快，而且与后者相比，前者更倾向选择记忆提取策略。“追求完美的学生”当中，一些学生学习成绩非常优秀，另一些学生的学习成绩处于中流，他们的最大特征是，在口头回答问题时，自信基准的程度都非常高，倾向运用备用策略。“做得好的学生”与“追求完美的学生”的差别，不是谁比谁更好，而是分属两种不同类型。

“做得不太好的学生”在记忆提取策略和备用策略方面都存在问题，他们一般符合下述三个特征当中的某一个特征：一是经常运用从1开始往下数的不太成熟的数数方法；二是运用备用策略时，要么太费时，要么经常出错；三是很少运用记忆提取策略，即使选择了该策略，也不能做到正确运用。在小学阶段，随着从低年级升入高年级，儿童的计算能力应相应提高，但“做得不太好的学生”的算术成绩进步迟缓，常常成为跟不上的学生。

那么，这种类型的学生在幼儿期具有一些什么样的特征呢？首先，他们的家庭环境通常都比较差，缺乏与数字打交道的经验。这里所说的欠缺与数字打交道的经验，并非指他们没有到学习塾学习算术，也不是指他们没有做过算术练习，而是指在日常生活当中，比方说在泡澡时不太会让幼儿数数，或者很少做以点数的多少决定胜负的游戏，或者幼儿对数数产生兴趣时，没有大人及时予以引导，等等。

其次，这种类型的幼儿在“工作记忆容量”方面，也就是在极短时间内能够记忆和储存一定数量的信息能力方面与其他幼儿有明显差异。人们在完成计算任务的过程中，必须记住被加数、加数以及当时对数的操作处理，还需要对计算结果进行记忆。这就需要巨大的记忆容量来支撑，但提高记忆容量是一个极其缓慢的过程，需要很多经验的积累。我们找不到一个简单办法去解决这个问题，只有在每一天的日常生活当中，不断地让儿童与数字打交道，让他们不断积累有关数字方面的经验。

还有一个就是，幼儿如何理解计算的问题，诸如加法就意味着数目或数量的增加。在现实生活中有许多加减法的实例，比如，玻璃球3个和5个的相加，或不同量的相加（比如玻璃球由3个加到5个），减去和加上相同的数仍得原来的数等，这些实例都能帮助儿童理解数与数的关系以及有关计算的各种性质。这些正是小学算术教育的重点，同时在日常生活中，要让幼儿与数打交道，做与数数相关的游戏，从生活中积累大量的有关数的经验，这无疑也是非常重要的。

5. 幼儿是否需要接受算术教育

模仿小学算术教育的内容和方法，对处于幼儿期的儿童进行算术教育，这样做有没有效果呢？这里我们根据前面讨论过的幼儿计数与计算能力的发展规律，对此问题进行思考和分析。

为数众多的幼儿，尽管从未接受过算术方面的早期教育，但他们自然地记住了如何数数，也慢慢学会了一些简单的加减法（在他们能数出数的范围内），虽然有时计算的结果不一定正确。人类之所以能数数，绝非仅仅是从表面上模仿他人、受教于他人而获得的一项技能，它是在人类天生就具有的潜能以及人类所共同具备的基本能力的基础上，遵循一定程度的抽象原则，才能完成的一项活动。计算也是如此，人们可以通过多种多样的方法进行计算，随着年龄的增长人们还会转向更高效的方法，而且还会根据是否急于想得到计算结果、答案是否马上就能想出来等情景和问题，选择不同的计算策略。所以，在日本普通的文化生活中，涉及数的活动和经历非常丰富，所以毫无疑问日本的儿童就是通过这些日常生活经验学习数数和计算的。在此基础上，绝大多数儿童或早或迟都会对数数产生兴趣，他们自己会主动地把两个数加到一起，或把一个数从另一个数中减去。这些都是极为自然的事情，本来儿童从婴儿期开始就已经具备有关数的若干能力，只要儿童冒出数数的念头，周围就会有太多的对象让他们去体验，他们要想数数的话，随时可以数椅子、数书、数人、数碟子、数车子，随时都可以数他们周围的一切东西。

所以，当儿童还处于只是通过口算或使用手指、玻璃球计算的时期，或者当他们还处于通过这些方式逐步地把计算问题及其解答联系到一起而进行暗记的时候，我们没有必要使用教材或算术习题集对他们进行算术上的特别教育。使用算术练习题（习题集）对儿童进行算术教育，尽管能强化他们记忆算术问题与答案之间的联系，或许对他们以后的计算活动有所帮助，但在日常生活中丰富儿童有关数的经验更为重要。与其让儿童做大量的计算问题，还不如让他们用扑克牌或纸牌计算胜负，或者在摆放餐具时让他们检查是否少算了一个人的餐具，或者让他们算一算今天由于有客人来，总共需要摆放多少餐具等日常生活中所遇到的问题。

当儿童开始学习笔算的时候，就应该好好地对他们进行笔算指导。从儿童的视点看，笔算对一般儿童来说是一个极不自然的、难以理解的问题，比如，数字有位数之分，同样是1，在个位数的位置上它仍是1，但在十位数的位置上就变成了10，笔算时有时产生进位，有时又产生退位，这些对儿童来说都非常抽象，所以要对他们进行细致的、合适的指导并进行反复练习。但是，儿童在幼儿期即便不进行这方面的教育，他们到了小学阶段也大都能够顺利掌握。

当然一些儿童不擅长算术也是事实，据估计大约10%的儿童因各种原因对学习算术感到非常吃力。但这不是通过大量做算术练习就能矫正的问题，要想解决这个问题，一方面要丰富这些儿童对数的体验，另一方面还需要让儿童理解计算的过程，对儿童进行细致耐心的指导。总之，我们并不是说不可以对幼儿进行正规的算术教育，而是认为把正规的算术教育放在小学阶段进行更合适，在幼儿期，尽量地让儿童去填补对数的经验的不足，安下心来培养他们正视问题、解决问题的能力。在这方面，比起所谓的早期教育，一些残疾儿的教育实践更具有参考价值。

中国、日本以及美国的比较研究结果显示，日本文化当中，不管是有关数的语言，还是有关数的经验、数的元素，都极为丰富和卓越，它能让我们充分享受有关数的体验和活动，绝不能遗失这些宝贵的文化财富。

第11章　早期教育与情操教育

——图画书、玩具、智力工具的作用

当今的儿童被电视、游戏，还有许多图画书、玩具、动漫、童话以及其他的卡通人物模型所包围，他们的身边还有各种橡皮、卡片等收集品，这当中的大多数商品都成了儿童们的所有品。现代社会的一个主要特征就是丰富的文明生活，早期教育也反映了这种产业化商业化、社会化之下的儿童教育的状况。

那么，产业化、商业化的社会将会给孩子们的生活及他们的智能发展带来什么样的影响呢？它在哪些方面改变了家庭及亲子相处、互动的方式呢？其中有没有不随社会的变化而变化的本质东西呢？其特质又是什么呢？

首先让我们来思考一下，对于儿童来说，以图画书为题材的教育具有什么样的教育意义？这种教育的趣味性有哪些？图画书给儿童带来了什么？孩子通过图画书又获得了哪些经验？

1. 图画书的特征及教育意义

（1）图画书文化

不用说图画书是一种出版物，上面有作者、图画、文字，并且把图画文字印刷在了纸上。欣赏图画书，就是阅读其中的内容，所以说，阅读图画书受到许多限制，这是因为儿童通常除了看看图画、读读文字之外，就不再需要干其他什么了，而且图画书中的图画和文字，都是由与儿童及家长毫无关系的作者创作，并大量印刷成册的，图画书是把家庭以外的文化财富带到家中，它的阅读方法一般要严格遵守一定的顺序，即从封面开始，一直阅读到最后一页。内容也没有考虑到特定的孩子或家长，是对事情的一般性描写，反映了作者的思想和价值观。负责印刷出版的制作方把图画书销售到千家万户，图画书是把人世间通用的文化带进家庭，让儿童去学习和接受其中的思想。

家长读图画书给孩子听时，虽然对部分内容做了一些解释，但基本上都是把图画书中描写的内容原封不动地传授给孩子。这就可以看出当代家长和孩子的关系，除了过去家长只用自己的语言对孩子讲话，还增加了被商业化加工生产并带有一定文化价值的语言。对于这样的做法，我们不想完全否定，也不想贴上特殊标签，只是感到在没有图画书的时代，人们也同样通过民间故事等形式把传统文化传承给孩子，而在现代的很多家庭里，这样的做法却被看图画书取代了。

（2）附有小机关的图画书

那么，把外面的文化带到家庭内的图画书有什么特征呢？当今的图画书一般都选编了许多能引起儿童兴趣的内容，也方便家长读给孩子听。家长给孩子读书时，孩子一边听，还能一边看书中的图画，图画书的设计便于亲子互动。尤其是面向婴幼儿的图画书，具有一种特殊的形态。成年人所想象的图书，一般整本书籍全都充满了绵延不尽的文字，但儿童的图画书上绘有许多大幅的插图，文章都很短，字体却非常大，这一点就和成年人的书籍不同。不仅如此，当今的图画书还设计了许多小机关，如在《肚子饿了的小青虫》一书中，在插图当中开了一个小孔，通过这个小孔，幼儿能窥见里面的小青虫，小青虫也可以穿过这个小孔。一些图画书即使不在纸上下功夫，也会在翻页的时候设计一些小机关。比如在《不在不在吧！》一书中，当翻到用手遮住脸那一页时，读到“不在不在吧！”的最后一个字“吧”的时候，“啪的”会突然露出一张脸。如此，每翻一页都会有某种惊奇出现，这就是图画书的小机关。书是由一页一页组成的，读书就是伴随着翻页的过程，对图画书来说每翻一页都非常重要，每一页都有意义。因为孩子还不能做到对图书整体的欣赏，所以，图画书就为孩子准备了每一页的乐趣。

（3）幼儿如何看图画书中的图画

幼儿最先接触到的是图画，这是理所当然的事情，因为幼儿还不认识字时，大人所讲的话他们也未必全部听进去，因而一般都会被眼前的图画所吸引。实际上，图画书在选择能打动人心的、具有魅力的题材方面，以及在描绘图画方面都下了很多功夫。因为幼儿看的就是图画，站在幼儿的立场看，图画吸引了幼儿大部分的注意力。家长给孩子读书时，展现在孩子眼前的是图画，这本身也是因为图画占了整个页面的大小，所以孩子会盯着图画看。而且幼儿一般会对同一图画书反反复复地看好多次，看图也看得非常仔细。比如幼儿在看《大象先生》的时候，有时会粗略地看一眼，有时会看得意外仔细，连角落的一个小鸟都注意到了。随着幼儿年龄的增长，他们还会与相邻页面的图画进行比较，不然的话，连书中主人公的活动都无法掌握。

幼儿在看图画书时，还会尽情地去感受图画的画法、奇妙的美感和新鲜感，感受图中的诙谐和故事情节的感人力量。幼儿在感受色彩的多样性的同时，还会明白对比色的不同以及中间色的美丽。幼儿在反复接触不同图画书的过程中，他们的感性会不知不觉地得到丰富和升华。

幼儿逐渐明白图画需要反反复复地看，这样就会获得许许多多不同的理解和感受，他们还注意到图画书中的图画是由不同的画法描绘的。对幼儿来说，让他们体验到图画书中有各种各样的图画，如果仔细看的话还会发现不同的内容，这样的体验对他们来说非常宝贵。幼儿会慢慢明白图画不仅与实际的东西相似，而且它们还是可以“读”出来的。

◇（4）儿童如何读图画书中的文字

幼儿还会逐渐明白不仅可以通过图画了解故事内容，图画书里还有文字，可以读由文字组成的文章，而且这些文字与图画一起构成了某种含义。幼儿在很小的时候就已经明白图画书中的图画与名字是对应的，知道图画的旁边写的是文字，大人就是在读这个文字，当然幼儿要明白这一点需要一定的时间和经验。大人反复给孩子读同一本图画书时，孩子就慢慢知道了大人读的是同一个内容，起初，幼儿以为大人念的是图画里面的内容，到后来他们学到了一些文字之后，就会发现大人念的其实是图画旁边的文字。幼儿在这个时期里，他们看图画书其实就是在看图，后来把从大人那里听到的内容与图画对应起来，这时他们对文字的认识还停留在文字是对图画中没有反映出来的内容的补充的阶段。之后，他们开始懂得看图画书最重要的是理解文章的意思，图画只是用来理解文章的，所以他们即便是看图画书，也会将视线转到文字上，看完文字后就直接翻到下一页，最终他们明白了看书就是读文章的道理（请参见秋田喜代美的一系列研究）。

◇（5）图画书故事的特征

幼儿通过阅读图画书获得了一系列的经验，也获得了一个重要的抽象概念，这就是他们懂得了故事这一形式。在图画书里常常有相同的内容反复出现。有的是相同的事情反复多次发生，出现貌似相同的动物，有时外表不同但会发生同样可怕的事情。并且，这些反复的事情又都会在某一时刻结束，故事有结尾，其结尾的内容往往是幸福的结局，即便结尾不是非常明了，由于图画书是有范围限制的，读图画书的经验也会让他们知道这是一本书的结束。这样的事情在日常生活中也会出现，但图画书中的故事最具这样的特征。

而且幼儿们也懂得了故事里有主人公。因为他们知道同样的人物在书中其他页面也会看到，他们具有类似的行为特征，故事主要是围绕着他展开的。这就是从主人公的视角来看世界，人当然一直是自己人生的主人公，而故事书提供了让儿童懂得这个道理的机会。

◇（6）阅读图画书中的亲子活动模式

阅读图画书是一种亲子活动模式，有时要按这种模式进行。有人认为这种亲子活动模式是被固化下来的模式，违反了儿童教育的自发性原则，或者认为这种模式是一种即兴活动。但其实未必如此，因为家长和孩子的兴趣集中在同一事物上，感情可以共有，同时注意力不容易转移，还可以构建亲子间的密切关系。图画书可以使亲子关系更加稳定，让孩子有一个平稳的情绪。

有必要耐心地反复地去读高质量的图画书。通过反复多次阅读，可以让孩子和家长在广阔的图画世界里共同翱翔。

2. 玩具的教育意义

◇（1）现代富裕社会与玩具

在当代文明社会里，儿童的身边不仅充满了图画书，更被各种玩具包围。玩玩具虽然称不上早期教育，但让儿童玩玩具的过程中包含了家长的某些教育意图，因此家长通常都会赠送玩具给孩子。

现代家庭里充满了玩具，在圣诞节等节日或孩子生日里，家长通常将玩具作为礼物赠送给孩子。市场里也充斥了各种各样的玩具，从货郎棒、移动人偶到积木、布娃娃、跷跷板、小汽车、过家家套装组合、微型车、塑料铁轨、洋娃娃、四驱车、各式卡通人物、各种电子游戏机等，儿童们看到这些玩具就想要，而家长通常都能满足儿童的要求。玩具真的是太多了，这里有多少玩具被儿童尽兴玩过呢？有些玩具买来之后就被收到了储藏室里，有些玩具儿童玩过几次之后就被儿童厌弃而扔掉，有些玩具没有经过修理就被当作垃圾，一想到这些玩具的命运，不得不让人感叹现代文明社会是一个畸形社会，不得不让人产生“社会变得富裕了真的是件好事吗”的疑问。

但可以肯定，日本社会不可能回到过去那种贫困的时代，希望过贫穷生活的人总是少数，它不会是大多数人的选择。我们需要思考富裕社会和市场经济共存之道。但可以肯定地说，家长看到什么就想买给孩子玩，不是明智之举。买一些对孩子有益的、能给孩子带来乐趣的东西，这无可非议，但孩子究竟喜欢什么，什么对孩子的成长有益呢？这并不是一个容易回答的问题。

在连玩具都没有的贫穷时代，或者当今在某些贫穷的国家，家长通常把曾经用过的、旧的东西保存下来传给孩子使用，即使在那样的环境下，儿童的智能发展及成长也并未受到什么大的影响，由此明显地看出，玩具对孩子的成长发育来说并不是不可或缺的东西。大家都还记得“大草原上的小房子”的故事吧，人们用剩余的布料做成的布娃娃，孩子们是多么喜欢和珍惜！那是一个多么丰富美好的世界呀！当然这里想说明的是，即使贫穷或缺乏玩具，孩子和家长也可以充分发挥想象力，想办法自己去制作、去创造。这一点值得我们重视和思考，这里并不是想表达没有玩具的时代就是好时代，事实上，回想从前节衣缩食的日子，我们不是常常冒出诸如如果有玩具就好了的念头吗？

玩具不是越多越好，也不是没有就好。只要能满足孩子的喜好，符合他们成长发育的需要，数量适当最好。玩具对儿童的智能发展似乎没有决定性作用，但还是有一些正面的影响。的确，无论什么玩具，都要看它是如何被使用的，在使用中才能体现它的价值所在。哪怕一张报纸，孩子也可以用它玩得很好、很有意义，只要是符合儿童能力的玩具，肯定会得到充分的利用。

◇（2）文字积木的历史

纵观玩具的普及发展史，发现它的历史并不久远。近代之后，玩具在一些富裕的中产家庭中得到普及，并被大量生产，而这也只不过是大约100年前的事情。在此之前，人们只不过是用成年人使用的东西或宗教仪式上使用的物品，充当孩子的玩具，那时玩具被看成毫无价值、微不足道的东西，它仅仅是哄孩子用的“孩子玩的东西”。据说在西方发现玩具的教育功能的是

18世纪英国哲学家约翰·洛克，他首先发明了文字积木。起初，文字积木是用来教授儿童学习字母的教具，同时也是供儿童尽情玩耍的道具。其实当时让孩子玩积木还有另一个重要作用，这就是阻止或减少儿童在街头玩粗野游戏，当时的玩具还承担了家庭教师或家长吸引儿童学习的功能，其后它发展成了充当教育道具的现代玩具，是现代教育玩具的前身。

◇（3）玩具的特征

玩具必须符合哪些条件呢？要找出所有玩具的共同特征，不是一件容易的事情，但大多数玩具似乎都具备如下几个特征：

第一，玩具具有小型化的特点。玩具是现实世界中的一些实体的缩小版，比如，有些玩具是实物的模型，这种玩具除了尺寸大小之外，其外形与实物极为相似；还有一些玩具是图解式玩具，也就是玩具反映的是实物最具特征的部分；还有一些玩具几乎和现实中的物体没有任何关系，是一种想象性的玩具。因此，玩具的种类繁多，但其共同之处就是不具备玩具本身之外的任何现实功能。

第二，明显地区别于日常生活中的实际物品，让人一眼就能看出它不适合应用于现实生活中。尤其是婴幼儿使用的玩具，从外观上看就知道与实际物品有明显的区别，这样的玩具构造简单，容易领悟，也易于使用和玩耍。

第三，脱离实际，没有明确用途或作用。由于没有外在实物的限制，反而更容易让使用者尽情发挥。图解式玩具也容易激发使用者的兴趣和热情。

第四，玩具是孩子玩耍时使用的，符合游戏特点。游戏有单纯化、图示化的特点。玩具可以成为自由的、可任意再定义的物品。比如，可以把汽车玩具当飞船和房子。几个儿童在一起玩耍时，会给予玩具独特的定义，玩具的定位越来越偏离其本身特点，转向假定，玩具本身的特点几乎不再重要。

（4）智力发展与玩具

玩具到底能起什么作用呢？从儿童的角度看，玩具的作用必须与游戏的方式、儿童的身心发展状况等联系在一起。随着游戏的发展，玩具的作用也会发生很大变化，但也不是把任何玩具拿给儿童玩，儿童都能相应地发挥其创造性，有些玩具能起到这样的作用，但有时送给儿童的玩具很明显与儿童的智力发展不相适应。

比如半岁多的婴儿，他们喜欢的东西有以下几个特点：第一，应该是柔软的、能弯曲的并且是安全的；第二，由几个部分组合而成，有利于婴儿的探索；第三，能放入嘴里，可咀嚼，还要有味道，并且还要具备应答性。当然，这里所说的物品不一定是玩具，只要符合以上的特点，哪怕是自己的手或手指，周围的一些东西比如汤勺等都可以是婴儿喜欢的东西。

到了1岁左右，婴儿开始把兴趣转向自己本身有多大力量、能完成什么样的事情等方面上，所以婴儿在这个时期里，喜欢搭积木，如果积木搭得好的话也会因此而感到自豪。因此，这个时期要为婴儿准备一些能促进其智能发展的玩具，但同时这个时期又是婴儿最希望与家长一起玩的时期，所以亲子活动本身也是这个时期最重要的游戏。婴儿到了2岁左右，能够与同龄儿童玩一些简单游戏，为了引导孩子朝这个方向发展，在这个时期里，为孩子准备一些真实感强的小玩具就非常必要。

总之，我们要找到儿童各个时期智能发展方面的关键点，然后去选择符合他们智能发展特点的玩具。然而，玩具不一定会起到决定性作用，儿童使用玩具的方式方法也很重要。

（5）玩具的文化性

不能认为只要儿童感兴趣的玩具就一定是好的玩具。有时会出现这样的现象：有些玩具令人产生好感、深受大家欢迎，而另一些玩具被认为不适合儿童玩，也就是说，一种玩具符合社会肯定的主流文化的话，就被大家视为好的玩具（比如在日本，木制积木、识字积木等），如果某一玩具违背了主流文化，它就往往遭到社会的否定（比如超合金机器人）。哪些东西受欢迎，哪些东西不受欢迎，常常被人们的价值观所左右，比如，与性有关的玩具或模仿战争的玩具，就常常被日本家庭拒绝。

从玩具本身的价值来看，玩具是同时兼有矛盾双方因素的东西。因为玩具在模仿现实的同时，又是反叛现实的集各种矛盾于一体的东西，用于战争游戏的玩具，看起来似乎具有模仿战争、怂恿暴力的性质，但同时它又把战争戏剧化，让人感到打斗是滑稽可笑的。玩具又是模拟充满个人内在矛盾、家人朋友之间人际关系的道具，因此通过玩具可以假想如何去解决这些矛盾和纠葛，也就是玩具提供了一个模拟解决这些问题的机会。因此，让孩子使用战争游戏玩具，与因讨厌战争而不让孩子使用战争游戏玩具，这两种方式中哪种方式更能培养孩子追求和平的精神和态度呢？对此我们显然难以做出明确回答。玩具是游戏的一部分，而游戏又是否定绝对标准、对多元文化的探究，否则就不能称为游戏。

在玩具连接了孩子和家长、连接了孩子与孩子的同时，也让孩子变得孤立。人们一方面认为玩具能促进儿童身心发展，另一方面又认为玩具与儿童身心发展毫无关系，或者认为玩具让儿童的成长偏离了方向。当然单是玩具自身不能发挥这么大的作用，玩具和游戏以及围绕在它们周围的整个环境，包括提供了这个环境的家长、周围的亲朋好友以及孩子本身等因素，才是玩具发挥作用的关键因素。我们只有在这样的关系当中，才能探讨玩具的意义。所以很遗憾在这里不能给出一个简单的答案，甚至觉得正是这种无法简单回答，或许才是玩具对成长中的儿童起到的最大作用吧。

3. 收藏的教育意义

（1）购物和收藏

如果稍微观察一下当今儿童玩游戏的情况，会发现他们玩的方式与过去没有太大变化，只是使用电视、电子游戏机等电子产品的游戏大幅度增加，还有一个现象是，即使是很小的孩子，也收集了大量玩具，布娃娃，这是近年儿童游戏的一大特征。另外，当今的日本社会还开发出来了许多儿童专用商品，它们虽然称不上玩具，但也大量向儿童推销。这些商品有些是儿童用自己的零花钱购买的，有些是家长买给儿童的，不用说圣诞节、新年或生日等过年过节的时候，平时一有机会，家长就会买一些这样的儿童专用商品送给孩子。

卡通人物的玩具种类也非常繁多，美少女战士、超力战队等卡通人物，以及这些卡通人物穿的鞋、运动衫都成了畅销品，许多家长尽管购买这些商品的意愿不太高，但假如孩子特别想要的话，最终还是会买给他们。电视节目也会根据这些卡通商品的销售情况，决定相关的动漫节目继续播放还是停止播放。

很早之前，人们就把文具及小点心之类的孩子用品玩具化。像“仙魔大战”那样，采用免费赠送卡的办法吸引孩子去收集的做法，也在很早之前就已经出现了。橡皮擦本来是用来消除铅笔痕迹的，但也被设计成各种奇怪的形状，或加入一种特殊气味吸引儿童收集。各种卡通人物，或者不同形状或结构的铅笔、圆珠笔等，摆满了儿童的书桌，它们完全超出了实用的数量，只是用来玩或收集。

◇（2）模型的收藏

在日本，许多儿童拥有的玩具数量，已远远超过他们玩耍所需要的数量，在这些玩具中，有许多玩具是别人赠送的，也有不少的玩具，比如布娃娃、有轨电车、小汽车、套装卡通人物、极品超级球等，儿童看到这些玩具之后，就想收藏它们，因而自己花钱买下了它们。儿童们想要这些玩具，不是为了玩耍，而只是想尽可能多地收藏同样的东西而已。这些玩具在成人眼里是同样的东西，但在儿童看来每个玩具都有一些不同，所以他们就很想得到。

为什么儿童要收藏这些看起来极为相似的物品呢？其中一个原因就是可以创造玩耍的机会。儿童把收集的电车或小汽车等都一一摆出来，时而逐一移动它们，时而又把它们全部一齐送到车库。儿童在玩布娃娃时也是一样，他们先把一套布娃娃摆出来，把布娃娃假想成真人，从家里进进出出出，或者与朋友们一起玩耍等等。

还有一个原因是，有些儿童产生了购物情结，这些儿童会经常去商场，看到好的或想要的玩具就想买下来，他们对购买行为本身产生了愉悦心情。我们都知道一些大人具有购物嗜好，其实儿童也具有这样的倾向，随着年龄的增长，出现了热衷于购物的儿童，也就是看到自己没有的东西就想买，尽管这种购物情结还不十分严重，然而如果购买某种商品就会送卡通人物，而这个卡通人物又恰巧是自己没有的，他们就想让大人买，哪怕买到后不怎么使用也觉得高兴。

有些儿童以收集为乐趣。到了小学阶段，很多儿童开始收集某种物品，就像成年人集邮一样，他们知道什么物品比较稀缺，他们还没到非把某一物品弄到手不可的程度，尚属于增加某种物品的种类和数量就会感到很高兴的阶段。

儿童收藏玩具，有时并没有特定的目的，而只是为圆满创造一个小世界而感到高兴。有的男童，在很小的时候，就喜欢读一些有关电车说明书之类的书籍，之后便转向爱好电车模型，看到柜子里或自己的房间里摆满着这类模型，就感到满足和愉快。这些男童追求的是，自由拥有自己知晓的一切模型，一想到自己收集诸如塑料有轨电车这方面的所有模型，就觉得非常高兴。拿一句套话说，这些男童正在享受“世界是属于我的”感觉。

对于女童来说，她们的兴趣不仅仅停留在收集上，大多数人还把玩具当作故事的素材来利用。比如，她们收集“小利嘉的屋子”之类的布娃娃，不仅仅看着这些布娃娃，还会在屋子里用它们玩过家家，她们用模拟方式与这些布娃娃对话，沉浸在自己所构想的世界里。

◇（3）游戏软件的收藏

儿童们玩电子游戏的情况也是如此。无论某个电子游戏多么好玩，过了一关之后就要马上想挑战下一关，这和上面所讲的玩具有相同的特点。电子游戏狂热者玩完一个游戏要用一周左右的时间，大多数的小学生可能需要一两个月的时间。从这个意义上说，电子游戏表面上看成本较低，然而由于电子游戏不具有玩过之后再反复玩的特点，玩过一种电子游戏之后就想玩另一种，其他的电子游戏看似与玩过的并不相同，但实际两者又非常相似，这样就会想一直玩下去。

对儿童来说，只要买下一套电子游戏软件就行了，他们还要拿来玩耍，但打游戏的时候，不进入到一定步骤，就失去了玩电子游戏的意义，这一点和单纯收藏不同，从在其中玩耍这方面来看，电子游戏类似于过家家的工具。电子游戏与围棋、象棋或麻将有很大区别，玩要的诀窍是要弄清其中的构造，而且玩过后就没有办法提升，不得不买下一个游戏软件。

喜欢收藏的孩子常常相互炫耀、交换收藏品，或聚到一起玩耍，同样，喜欢电子游戏的儿童，也会因为谁买了什么新的游戏软件，或谁达到了某个级别等而炫耀、自豪，他们在一起还经常交换打游戏策略的说明书，或互相交流新发现的打游戏技巧等信息，通过这些方式，儿童之间构筑起了交友网络和渠道，学会了人际交往的基本技能和能力。

◇（4）电视及录像机对儿童的影响

电视机本身不是儿童收集的对象，但电视中的一些儿童节目是为了吸引儿童购物、吸引儿童收藏玩具而编制播出的，尤其录像机在大部分家庭的普及，这对儿童产生了很大影响，儿童开始购买市场中销售的录像带，或者把电视节目翻录下来，以供日后反复观看。

电视最能反映当今世界的现状，电视里常常播放电视剧、动画片，这绝对不应该是电视最大的功能。电影也被搬到电视上播放，而且这种趋势日益明显。对于成年人来说，电视的最大作用是用来观看新闻、纪录片、综艺节目或电视连续剧，但对于儿童尤其是幼儿来说，他们还缺乏强烈的现实感，不会因为现下什么节目流行就去看什么，到了小学和中学的时候，儿童才开始逐渐表现出上述成年人的特点。

总之，电视最擅长的是反映现实问题，电视在反映现实的同时，游戏、动漫、电视剧等录像也被拿到市场出售，或者这些节目被录制下来，这样，即便是幼儿也能观看、欣赏这些录像带，他们的收藏品中又增添了新的伙伴。

◇（5）商业化时代儿童的创意

购买商品和收藏商品已悄悄地闯入了儿童世界，并逐渐普及和发展。尽管过去那种收藏BB弹或酒盖的方法，也就是自己从附近捡来的或别人赠送的收藏方法，仍被当今的儿童所继承，但是更多的是儿童通过花钱购买物品的方式收藏。儿童从小就学到了在富裕社会里的快乐方式，这本是无可厚非的。因为同样地，大人有时也会购买或借阅小说、图书，这也是某种意义上的收集。在当代社会里，很多成年人都有这样或那样的收藏兴趣，儿童当然也很难例外。

那么，一切都被商业化的社会真的就没有任何问题了吗？也不是。我们不可能把儿童世界的一切都变成商业工具。这种做法是奢侈且不宜的，在日常生活中，不花一文钱的游戏，往往是最有趣的游戏。要让游戏变成活生生的东西，靠的是儿童创意，需要儿童动脑筋想办法才能实现。无论是畅销的玩具还是不畅销的玩具，我们都应好好思考一下让游戏变成儿童可以能动地参与的活生生东西。为自己的创新而感到喜悦的儿童的心以及儿童灵巧的手，不管在什么地方都无法用金钱买到。

4. 使用工具的教育意义

◇（1）作为文化结晶的工具

我们的生活里处处都在使用工具：吃饭时要用筷子和碗，桌椅也是工具；看电视也好，听音乐也好，伴奏也好都要用工具；在公园荡秋千或玩滑梯，在沙堆玩过家家也要用工具和铲子；如果要学习的话，要用纸和笔来写字；想用剪纸来做点什么的时候，要用剪刀和裁纸刀。就连孩子也都在使用很多工具。有人会说现在的孩子变笨拙了，这或许是对的，但现实中他们还是在很巧妙地使用着各种工具。

这样的工具和具体的使用方法正是来源于文化，是依靠前人的智慧创造并通过现代工业雕琢后成为商品的。文化呈现出的具体的形体就是工具。我们的生活通过工具的使用而成立，也可以说是通过工具才接触到文化的。

◇（2）学习的工具

开展学习活动也要利用很多工具，铅笔、笔记本及教科书就是工具。就算弄清如何使用工具本身不是学习，但想要学好却一定需要工具。所以在小学一年级的时候，教师要详细地指导他们如何拿铅笔，如何使用笔记本，如何使用教材等使用学习工具的方法，教师也会反复纠正学生的上课姿势，这些都是学生学会学习的基本条件。

值得玩味的是，我们通常对儿童的身体姿势看得很重，而对儿童是否在思考问题反而不太在意。究其原因，一方面是希望孩子从小要养成正确的姿势习惯以防驼背，或者认为想要坚持长时间的学习就必须有一个正确的姿势，另一方面是因为儿童有没有思考问题，从外表很难判断，而姿势正确与否则一看就知道，并且容易指正。这些指正是不是和学习有关系就不得而知了，至少符合日本文化对学习的要求，日本人通常认为，工具是按某种方式使用的，保持姿态端正是学习态度的表现。

新的工具在被不断发明，并不断应用于儿童的学习中，比如，计算器、电脑、文字处理机等。除游戏机之外，这些新的发明对幼儿的生活尚未造成太大影响，但很明显新工具的出现，让大人的工作方式发生了很大变化。从使用纸张和铅笔到看着文字处理机的显示屏敲打键盘（这成为编写文章的主流），对于这样的变化不同的人有不同的想法，但它明显提高了人们撰写文章的速度，这一点是难以否认的。有人甚至说，使用文字处理器之后连文章本身都发生了变化，用机器输入法便于编写文章的同时，文章也会被反复使用，或者由于着急而把没经修改的内容直接用上去的情况也时有发生。但无论如何，由于使用了文字处理器，与手写文章的时代相比，学习过程发生了很大变化，这是毫无疑问的。

计算器或文字处理器的大规模使用，还没有进入儿童生活中，这或许有经济上的考虑，也或许是人们担心如果不亲自用手书写，很难记住文字（入学考试也不准使用这类工具，或许也是受这种想法的影响）。成年人如此频繁地应用电子设备，而学校教育却不赞成学生使用，这只能说明教育过于远离现实。学校里的学习方式与现实社会中的工作方式如果相差得太远，儿童就有可能无视社会的变化。

文字、算式之类的记号，从广义上讲也属于工具范畴。这些记号是用来记录思想、表明自己想法、向别人传达信息的手段。文字或算式与其他工具不同的是，仅仅只学会这些记号的基本使用方法（比如只学会了文字如何读，如何写）是不够的，还需要掌握一些文章的写作方法。从这个意义上说，用途越广的东西，花费在其中的学习时间也越长。

尤其是有一些看不见的东西也可称之为工具。用来整理思绪的方法也是如此，它是对符号的具体操作，比如，把听到的抽象的内容转换成具体事例，或者把某一句话换一个说法来思考，或者遇到难题，请教别人或翻阅字典，从参考书中查阅等，都属于这种看不见的工具。

（3）使用工具方面的智能发展

如果把儿童的发展看作是主体适应文化的过程，那么掌握工具的使用方法就是发展。儿童的成长，可以说是一种内在的变化，但又不仅限于内在变化。儿童学会了能出色地使用身边的各种工具，或者尽管使用工具的动作僵硬但仍能完成任务，这也是儿童成长的一个侧面。本来，人们期待儿童发展成长，就是期待儿童在实际社会中能独立思考、独立体会，胜任工作和家庭生活。在实践活动中不可避免地要接触很多工具，会发生联系，能熟练地使用工具，能很好履行这些活动就是同一过程的另一个侧面。所以，使用工具是开展活动不可或缺的一部分。

但活动和工具不是一件事，工具可以相对独立于活动。剪刀除用于剪纸外，也可以用于其他方面，使用剪刀来剪纸，成为工作活动的一部分，如果能很好掌握，还可以作为其他活动的一部分去使用。工具和工具的使用是对具体事物所实施的特定行为的组合，与其他同样的行为组合以及为何使用某种工具等，是没有关系的，可以从中提取出来。由此可见，多学习一些工具的使用方法，能帮助人们出色地参与和开展各项活动，这是因为在某一活动环境中掌握的工具使用方面，可以迁移到其他不同环境、背景的活动中。

具有特定目的的活动，可以看成是使用各种工具的组合，是运用工具，对活动的对象实施的某种行为，然后再使用其他工具，对同一活动的对象施加作用。因此，从事一项活动，是一个一系列的连锁行为。

◇（4）使用工具的愉快感

使用工具不单是学习它的使用方法。用剪刀剪纸时，不单是手指打开，然后闭合剪刀，最后完成剪纸这一系列行为，也包括用剪刀夹住纸张时的那份感受，剪切不同的纸张时又会有不同的感受。工具会带来与不同对象组合的合适状态下的感觉，同时会让使用它的人，感受到这种状况下的美好感觉。那是和对象间形成的很明确的美好情感，若是这样的话，就说明人找到了合适的活动对象。

能感受这样的愉悦心情，就是指使用工具时，找到了最合适的使用方法，找到了匹配的活动对象，因此人的心情就变得快乐起来，这也是通过工具适应环境而获得的。

◇（5）工具的局限性

所谓使用工具，就是人、工具与活动对象较好地匹配、咬合，因此儿童使用工具，是对周围各种事物的接近，也是对周围各种事物产生亲近感。儿童通过用剪刀剪切纸张，通过使用蜡笔在纸上图画，去适应各种质地的纸张，把握它们的用途，把它们当作老朋友那样去接受它们。

然而，工具的使用，也是工具与对象的直接接触，也是对使用工具的妨碍。儿童用手指画画时获得的对纸、画具的感觉，与利用画笔作画时所获得的感觉，肯定不同。玩沙子、玩泥巴时，儿童不亲自用手触摸和挖掘泥沙，而总是使用铲子的话，就让人觉得他似乎失去了什么重要的东西。工具在接近对象的同时，也起着排斥的作用，更严格地说，工具与对象是在维持一定的距离关系。

包括我们自身的身体在内，使用各种工具是非常重要的。因此与对象间的距离关系也会出现不同的变化。这种关系的多样化才是引导我们找到自身所生存的世界的多样性的方法。

我们之所以能感受到世界的富饶，从根本上来说，是因为我们的身体具有五种感觉器官，是通过五官感觉出来的。工具打开了五感，打开了面向世界的大门。但假如只一味地依靠特定工具，很可能就会只发现世界的某一个侧面，这对我们来说是一件非常不幸的事情。如何恢复我们对五彩缤纷的世界的丰富感受，这在虚拟的电脑不断蚕食儿童世界的今天，是我们必须思考的一个重要课题。

第12章 追求幼儿教育的应有属性

——游戏中的学习和成长

要从根本上思考早期教育问题，就必须回到幼儿教育的原点进行分析和讨论，更宽泛一点说，我们必须要超越学校教育这一狭隘的教育范畴，从发挥儿童求知欲的社会当中，去思考儿童的学习活动是如何形成的。虽然这个问题贯穿于本书的全部，但还有必要从发展心理学的角度展望教育问题。本章以“对儿童身心发展的不同见解，决定了对教育的见解”为假设前提，并围绕这个主题展开讨论，其内容不仅限于婴幼儿时期的教育，也是对人的整个时期的智能发展与教育的关系问题进行的广泛探讨，通过这样的探讨更明确幼儿教育和早期教育的独特性质。从某种意义上说，早期教育是将本应是幼儿期之后的一部分教育，提前至婴幼儿期实施的教育，这样做到底具有什么样的意义？这是本章首先讨论的问题。在此基础上，我们还将考察“游戏”这一最主要的幼儿教育活动的性质，探讨它对早期教育的特殊意义。

1. 教与学的结合

应该向儿童教一些什么样的东西？又该怎样去教导儿童？我们做这样的判断的时候，常常受我们对儿童的特定的见解的制约，以下几个常见的例子都能说明这个问题：因为儿童都非常淘气，所以我们要去纠正；因为儿童天真无邪，所以我们要防范来自世俗社会对他们的伤害；因为儿童缺乏技能，所以我们必须给他们做出示范，让他们模仿并熟练掌握；因为儿童无知、缺乏教养，所以我们成年人必须向他们传授知识、用知识填补他们的不足；因为儿童具有强烈的自我中心意识，所以我们必须对他们进行社会化教育；因为儿童已经具有一些知识，所以为了使他们对知识更加明了，我们应该用学校中的学科教育的方式去教导他们。也就是如果我们认为儿童缺乏训练、儿童欠缺能力、儿童是无知的、儿童动辄会为强烈欲望所驱动等等，那么基于对儿童的这样的认识，就必然导致我们对儿童的教育方法、教育内容的不同理解。

但是思考如何对儿童进行教育最本质的问题在于，我们是如何看待儿童的心理发展规律的。当然，心理是极为复杂的，对此也有许许多多不同的观点，问题是我们需要弄清楚，这些观点是一些什么样的观点？是在什么样的场合下提出的？它们各自具有哪些方面的意义？

2. 如何看待和教育儿童

奥尔森（Olson）考察了人们对儿童的各种不同认识，并将其整理为如下四种观点：

◇（1）把儿童看成是“行为的存在”的观点

成年人为了儿童能出色地学会某一行为，经常使用向儿童展示示范样本的方法，显然，成年人之所以这么做，是因为他们确信儿童原本对这种行为方法是无知的，而且还相信仅仅展示示范动作，儿童就一定能够学会。实际上，儿童在两岁之前就具有这方面的模仿能力，成年人发现了儿童们的模仿特点，于是就不断地把正确的行为方式通过示范展示出来，把自己想让儿童掌握的行为，以明确的模范的形式示以儿童。

模仿和练习的确很必要，但仅仅依赖这些，很难让儿童的学习达到一定的高度，这一点毋庸置疑。儿童如果对所采用方法的原因没有一定程度的理解，是不可能达到较高水平的，因此学习者需要明白某种做法背后的道理，无论成年人和儿童都是如此。

◇（2）把儿童看成是“理解的存在”的观点

这是一种教育者把认为儿童应该知道的东西，直接用语言提示给儿童，并让儿童对此进行记忆的方法。持这种观点的人认为，把事实、原则、规则等教给儿童，让儿童记住它们，然后再应用于实践，是一种有效可行的方法。儿童应该学习的东西是教师所传授的或书本上所写的东西，知识作为一种通过看、听就能获得的东西，早已存在于书本和教师的心中。这种主张还认为，通过语言而获得的事实和理论，自然而然在需要的时候就能付诸应用，所谓解决问题就是对记忆在脑海中的理论的应用。

按照这种观点解释教育的话，学习就是借助某种心智能力（语言、空间、数量、与他人的关系等）获取新的知识，学生应该学什么是一件非常清楚的事情，教师应该教什么也能详细地规定下来，学生学习达到了什么样的水平也能测量出来，这都是用语言将知识传授给学生的长处，而且还可以按照心智能力的不同，将学习者分成不同等级进行教学。

这种观点的一个根本性认识就是，世界充满了事实，我们必须正确把握这些事实。但是，事实不是全能拿出来、能记住的东西，即使是个别事实，它常常在无意识的情况下，在与其他概念相互纠葛的情况下，常被误解，或者被记住、被忘却。

◇（3）把儿童看成是“思维的存在”的观点

这个观点认为弄清儿童在想什么，弄清儿童是如何相信他所相信事物的整个过程，才是教育的开始。儿童和成年人一样，试图虚构一个关于周围世界的模式，用来解释自己所经历的经验。教育就是根据儿童自己的兴趣，帮助他们更好、更有效地去理解事物。儿童的理解也是在讨论、合作活动中得到促进的，我们要鼓励每个儿童提出对当代社会问题的独自见解，并将自己的见解与朋友、老师一起交流。

为何重视这样的讨论和合作活动呢？该观点认为每个人的内心都有很多个人独自的信念，通过讨论和议论等活动，能让个人信念定位于共同框架之中。儿童和成年人一样，都有自己的观点，因此有必要让儿童认识到自己的观点是一种什么样的观点，别人的观点与自己的观点有何不同，这些不同的观点都应该建立在可理解的理由之上，在遇到比较对立的信念时，可以使用这些理由进行判断。有时可能自己是错误的，有时可能他人是错误的，有时可能双方都错或双方都对，这个判断是由各自所持有的观点是否基于正确的基础之上决定的。儿童可以凭借自己的能力，或通过与他人的对话、讨论，去理解、推论和思考其中的意义。在此基础上，儿童和成年人一样，能推敲自己的想法，通过反思对自己的想法加以修正。

这个观点还认为，儿童对于认识世界具有一定的一贯性，而且还持有一些关于人们思想之间能够相互作用等方面的认识。如何让儿童们的认识与教师、家长的认识统一起来，这就需要儿童与成年人之间的对话与交流，知识可以说是通过对话而达到的一种共识，对话是教育的原点。

持这种观点的人认为，教育就是创造教师和儿童之间的相互理解，是找到儿童直感中有组织的知识的根基。

◇（4）认为儿童是“有知的存在”

由于儿童生于社会、长于社会，所以他们接触到的知识大多来自共有文化。儿童很早就能区分哪些完全是自己独自的想法，哪些是周围人共同的想法，哪些是大多数的想法，以及哪些想法具有很强的合理性。儿童甚至还能区分和理解，只是想想而已、基于证据的想法、若有必要能拿出证据之间的思维的差异。

文化，从总体上看，就好像一座座储备着大量值得信赖的知识、见解的图书馆，当然在这个庞大系统里，常常也会有错误的知识和信息，也会有一些无根据的不加批判的盲信，在这个系统里所储存的知识和见解，也常常由于新的证据或议论而被重新解释、被重新界定，但即便如此，它也不是因为新的发现或解释而对过去的文化进行全盘否定，而是在文化传统的基础上进行局部的修改和扩大。

说到教育的时候，就是要明白自己是如何弄清事物的，即抱有坚定的特定信念时要知道所以然。儿童要知道，对于某一知识、技能或理论，是大家都这么认为的呢，还是一种假设呢？还是它基于确切的证据而获得的呢？比如，儿童在做一道加法算术题时出现了错误，一般不会认为方法不对，而是认为是计算出现了错误，因为加法公式是经过很多数据演算并被公认是正确的，而且包括老师在内的很多人都是通过这种方法计算的，因此需要找到错误的原因，并不是所有的儿童和成年人都是这样想的。当然有时也有因为掌握了错误的计算方法而导致错误的结果。

总而言之，儿童是有信念和想法的，这些信念和想法是在一定的证据基础上形成的，并可以得到修正。教育就是帮助儿童独自反思信念和想法，并通过协同、合作、交流，乃至通过回顾儿童过去的作品等方式，对儿童这些信念和想法进行评价。

表12-1是在总结以上四个观点的基础上，综合各种对儿童的看法及其教育意义而整理得出的。教育方法的各种不同主张来自对学习者的不同见解，如果教师对儿童持某种见解的话，儿童自己也会受这种见解的影响，也会对自己以及自己的学习方法做出相应的看法。我们思考儿童的学习能力

表12-1　关于儿童心理的四个观点

对人的认识	对儿童心理的认识		对教育方法的认识		
	可获得的	可学习的	教师的作用	儿童的作用	如何看待教师
行为的存在 理解的存在 思维的存在 知识的存在	技能、能力 知识 信念 “客观的”知识、熟练	行为能力 学习能力 思考能力 对文化积累的贡献能力	示范展示 解说 协同、合作 信息管理	模仿 理解 解释 知识的构建	手艺人 权威者 同事 对话的对象

时，常常受到对儿童见解的影响。使用某种特定的教育方法，其实也就是传递教育者所持有的儿童见解。儿童接受的教育方法不同，对自己的理解也就不同，比如，有的儿童会认为自己已经无所不知、无所不晓，或者认为自己已经掌握到了非常优秀的技能，反之，有的儿童会认为自己一无所知，或认为自己是个笨蛋、没有任何天赋和才能。

由上所述，教与学是彼此想法的共有，是彼此达成共识的过程，所以教学过程不单是儿童的想法向成年人的想法靠近，还是教的一方把学的一方看作是思想的萌芽，并将其与成年人或与社会文化相磨合，从而形成共有的思想，因此，作为一种结果而向儿童传授的理论，实际上就是儿童自己逐渐找出适合自己的东西。

3. 思考早期教育的视点

以上结合奥尔森、布鲁纳的有关思想，阐述了应如何看待儿童的发展与教育的关系问题。正如前述，不管是哪一个儿童与教育的理论，都有一定的合理性，正因如此，这些理论都不同程度地被应用于当代社会之中。同时，把教育看作是儿童与成年人通过共同协作、交流从而达成共识的过程的见解，更接近教育的本质，因此教育对促进儿童的发展就具有重要的意义和作用，也就是认为教育不是单方面向儿童灌输知识，而是成年人和儿童共同创造知识。这绝对不是说我们要原封不动地肯定儿童的见解和想法，成年人担负着继承文化传承以及儿童社会化的重任，这就意味着，在某种程度上，成年人应该向儿童传授文化，但是若想激活文化传统的话，儿童就有必要参与到与文化传统的对话中去。

以上我们没有直接提及婴幼儿期的教育该如何开展之类的具体内容，但至少可以说早期教育之所以被称为“早期”，就是因为希望把学校教育的内容提前化，同时，我们必须看到很多早期教育是对特定儿童的教育，是一种偏重知识传授和偏重记忆的教育。在早期教育中，即使希望儿童能熟悉哪方面或擅长哪方面，也未必会了解该如何教给他们，实际上要涉及的面很广，值得注意。

那么，对幼儿来说，为什么学校教育式的早期教育就不好呢？理由是什么？从根本上讲，一种教育是否适合儿童，就要看儿童与周围事物能否发生相互作用、儿童在多大程度上能保持充满生机的活泼状态，也就是说幼儿教育需要符合“游戏”原理，那么“游戏”又具有哪些意义呢？

4 游戏的自在感

对幼儿来说，游戏极其重要，这是为什么呢？对大人来说，游戏通常是和工作相对立的，走上工作岗位之前的在校学习阶段，学习也常与游戏相区分。对幼儿来说，游戏有时也与其他活动区别对待，但大多数情况下两者又难以区分。这并不是说游戏还不是一项独立活动，实际上游戏的根基里有很强烈的“自在感”，只不过没有成为社会所规定的游戏而已。这或许是件值得庆幸的事。工作也好，学习也好，带着游戏的自在感去做，就会变得非常有活力。

所谓自在感，就是随着兴致或随着活动的氛围，随着对方的人或物的活动而变化的自由度。但不是完全随意而为的，肆意的活动因不知如何是好，反而会变得不自由。自在感是指能顺应自己和对象之间随时出现的新的变化而言的，是即使之前有相关规则或方法等规定，但面对新的变化时能打开心扉，马上去做出新的调整和尝试的一种状态。

5. 在真正的游戏中成长

在真正的游戏中可以感到充分的自在感。吃饭或洗澡也可以说是游戏，但其中会有来自现实中必然的约束。所谓游戏，比如玩沙土、摆积木，总能有一种舒畅的感觉。如果受人强制而为之，游戏就变成了一项任务，游戏本身就成为一个单调的作业。所谓的舒畅不只是很开心快乐的作业状态，或许也会有琢磨该如何搭建隧道，如何把积木摆得更高的伤脑筋的过程，由此表现出的身心投入最为重要。

可以把这个状态看成深深地活在当下。不为将来烦恼，不为过去后悔，也不是积极地去规划，带着某种目的，或反思过去。而是埋头在当下出现的事件上，投入其中，在新的事物中启发自己，不断进步。

当然，幼儿的游戏也并不是没有目的、没有计划和没有反思的。他们也会为活动进行不下去而烦恼，也会因与伙伴发生矛盾而不高兴，有时也与伙伴商量游戏该如何继续玩下去等问题。即便这样，从本质上说，这些问题都涉及“眼下”“现时”这个时间点下的现在进行的活动，是为了让游戏更好地进行下去。正是因为有了现在这个眼下的时间点（现在进行时），才使游戏产生出生命力，变成慰藉身心的力量。

6. 游戏与生活的两位一体

有人说对幼儿而言游戏就是生活。如果把游戏当作社会所规定的游戏或把游戏当作一种任务来看待，那它就不同于生活。幼儿园没有把幼儿相互间的问候、集会、吃饭等看成游戏，在往返幼儿园途中，家长或教师看到有的幼儿在玩耍，甚至还会要求他们快点回家。

但如果从丰富的自在感来定义游戏的话，在幼儿的生活里就必然充满了游戏活动。幼儿精神劲儿十足，做任何事情都会全力以赴，这些特点在每个幼儿的身上都能看到。当游戏不作为社会性游戏的时候，这样的游戏生活就呈现出了两重意义，以吃饭为例，儿童全心地投入在当下的吃饭当中，把一切规矩丢在脑后，尽情地品味着，直到吃饱喝足，这个情形很好地说明了游戏的本质特征——现时性，即儿童沉浸在“现时”的这个吃饭活动中。另一方面，儿童又不仅仅停留在尽情品尝美食这一行为上，在这个过程中，他们还会获得各种各样的丰富感觉，比如儿童在喝汤时，直接喝或用舌头舔，吮着沾在手指上的食物等。儿童在和客体发生相互作用时，哪怕是遇到微不足道的小事，他们都会想出相应的对策，采用一些新的办法去解决。

这些活动立足于现时的时点上（现在进行时），就会出现所谓的游戏式活动。在玩沙土这一典型游戏里，儿童常常进行这样一些活动，如堆起一座沙堆、挖出一个洞穴、把水灌进去又舀出来，其中还包括看起来不怎么有趣的运水、把工具从包里拿出来又收进去等活动。这些活动可以说是生活，也可以说是游戏，在现时这一时点上，任何一个活动都具有两面性。

7. 游戏中人与人之间的共鸣

在现时这一时间点上，儿童与活动对象（客体）发生紧密联系，儿童与对象物间欲罢不能、进退两难的关系以及在任何时候都可以离开或摆脱对象物的随意性就是游戏的特点。

在这样的关系之下，儿童可以强烈感触到对象物，感受到对象物的实在感。而做什么以及如何做等目标、计划的束缚越弱，儿童就越会专心于眼前的对象。幼儿的游戏是手脚并用，以感觉总动员的状态在做事，这是他们的本性。在沙土堆上他们感受着沙土的感觉，松散的沙子加上水后，就会变黑、变重、变得容易固定。如果在沙堆上再注入更多的水，就变成了泥土游戏。儿童在适应这种对象的变化的同时，自我行为也会发生改变，玩沙土游戏的乐趣就在于通过身体来感受沙土性质的快乐。

游戏在与人的关系方面，最基本的表现是，在当下这一现在进行时下，人们或干同样的事情，或获得同样的感受。动作与表情的共鸣是最基本的人际关系。相互间通过语言理解含义，又在这个含义上规定相互的过去和未来，这就是语言发展的作用，但在对话之前，语言成为眼下活动本身的一部分，这是游戏的一个重要作用。以沙堆游戏为例，当儿童把水注入沙堆时，有儿童喊着“这是发电水坝”，其他儿童也同样跟着喊，这时表现了两个人的共鸣关系。在语言之前，两人眺望着同样的事物，一个人冲着水，另一个看着这个动作，好像自己仿佛也在做同样的行为，由此产生了人与人之间的互动和联系。

游戏中儿童与对象物的关系，既表现在儿童欲罢不能、进退两难，同时又表现在儿童从对象物中抽出身子而获得自由。对于前者，就是儿童暂时忘掉了关系以外的目标和规则而集中精力于游戏之中，忘掉了开始的本来目的。对于后者，就是儿童对对象物的脱离和波动。允许波动就会产生自在感，可以与对象物形成更紧密的联系，因为除特定功能关系外允许发生其他关联。比如，儿童进出幼儿园时，与看门老爷爷的关系除了正规的角色之外，还可以通过一些闲杂的、额外的语言交流，使两者关系变得更加亲密，幼儿自始至终通过这些额外的互动，观察与对象物之间的各种关系。

8 游戏中儿童的自我发展

通过游戏中的自在感，儿童的最大收获是感受到了身心的舒畅，这是因为随着儿童与对象物的相互作用范围的扩大，儿童获得的感性体验不断丰富，而丰富的感性体验又促进了儿童的自我成长，自我成长就好像是儿童对周围世界的各种事物投下了无数网眼，然后再逐一地把它们编织起来。

这种情形也可描述为儿童空间的扩大，是儿童投身周围世界的身姿。儿童在投身周围世界、与周围世界发生联系时，一方面儿童的空间得到扩大，另一方面儿童又要改变身姿，受到周围世界的制约。比如，儿童在玩泥沙时，他要在泥沙上挖洞，需要采取一些适应挖洞动作的身姿，形成了与沙土的某种关系。这个关系本身就是儿童的自我发展，同时，在这种关系中会感受到对象存在的真实感受，比如，去拍打沙土，就可以感受到对方存在的真实性。在这样的真实性之中才有了自己确实扎根于这个世界的基础。

在游戏中与对象物发生关系时，一方面是自我发展，同时另一方面是自我控制。发展就是在自我形成意义上的控制，无意义的控制不利于儿童的成长，正是为了充分感知游戏的自在感，必要的控制就不可缺少，这一点极为重要。

控制同时又是自我思维和感情的扩大，也是对它们的制约。例如，儿童在泥沙里打洞，灌入水后要想水可以从里面流出来，就需要考虑方向。同时如果没有感知到某种形式的感情也不可能形成游戏。比如，没有喜悦就不可能有真正意义上的游戏，过于兴奋又想不出出色的打洞方法。

电子游戏的例子就更能说明这个问题。如不遵守电子游戏规则，游戏本身就没办法继续下去，想动脑筋打赢游戏也有力无处使，但遵守规则也未必就能成为游戏。遵守规则的同时没有感受到开动脑筋顺利过关的惊险以及由此带来的兴奋，没有对每一次的胜负结果感到欢喜和忧伤，也就没有了游戏的乐趣，但过于当真，像小孩一样去大哭或中途放弃也不行。在认真和敷衍之间的感觉才是游戏，开放感情又加以限制，需要发散性思维的同时又需要定向性思维。

随着对某一游戏的了解，儿童就逐渐地对游戏的套路和局势做出设想和预测，这样的预测使自我控制变得更容易。即使这次游戏打输了，还可以在下一次赢回；假如败给了强有力的对手，下次还有机会赢同等水平的其他对手。不只是输赢，在游戏的过程中，儿童还会设想什么时候该如何应对，眼下最要紧的是认真投入打赢游戏，高兴欢闹应该留在后面。儿童就这样随着时间自我成长，但这不单单是说儿童要让自己遵从计划，未来充满着未知，游戏也一样，但也不是完全不确定的，只有能做出一定的预测，儿童才能产生安心感，才可以定下心来对付眼前的对象。在这样的悠然之上，儿童让自己去应对新出现的问题，让自己接触意想不到的展开。

9. 游戏中教师的引导

在游戏方面引导儿童向深度、广度发展，是托儿所、幼儿园教师的基本作用，托儿所、幼儿园教师要胜任这样的工作，最重要的就是要创造儿童的游戏机会，在此基础上，教师需要考虑在托儿所、幼儿园里该如何配置适当物品，从而使游戏更加丰富，还要考虑如何才能实现游戏本来的目标、如何才能发挥游戏应有的作用。在这里，托儿所、幼儿园教师最需要注意的就是，怎样设置园内环境，才最有利于游戏的开展。因为儿童一般只能在教师所指定的场所内游戏，在那个场所里，儿童要尽兴地去玩耍，因此设计不同的环境，儿童的游戏质量就会相应改变。而且，如果还考虑到游戏的多样性以及在游戏中儿童的发展等要素，环境的设计就显得更重要了。比如，在缺乏自然的环境里，儿童就没办法接触有生命的物质；没有充足的积木，儿童搭积木的游戏就会受到限制。

但也不是说只要物质环境充足了，游戏就能顺利展开，为了儿童尽可能地开展更丰富、更深入的活动，教师的适当指导不可或缺。如果儿童们不知道该如何去玩，那么游戏就只能停留在儿童想到了什么就玩什么的水平；但教师一味地指导儿童玩游戏，这样的游戏也不可能成为真正意义上的游戏，游戏就变成了按步骤操作的单纯作业；如果放任儿童去活动的话，那么儿童的思考和情感就会失去方向，游戏就会变成一个过于分散的活动。为了能充分发挥儿童的力量，为了让儿童的感情更加细腻并且得到适当的绽放，就需要导入某种儿童游戏模式，其中一个最基本的做法，就是园内各年龄段的儿童和保育员一起开展各种层次的游戏活动，当儿童的游戏不能顺利进行的时候，教师对此再进行适当的启示。

10 育儿文化的再认识

正如以上反复强调的那样，对于早期教育问题，不能简单地肯定或否定早期教育的必要性，关键是要看早期教育能否激发儿童的思考力，能否使儿童在游戏中获得自在感，有没有引导儿童投入周围事物当中去开展丰富多彩的活动。过去我们的学校教育实行的是整齐划一的班级教学模式，也就是教师在黑板上板书，学生抄到笔记本上，然后再把它背下来，幼儿园也仿效这种教学方法，其结果不仅造成了儿童学习效率的低下，而且这种教育还妨碍了儿童知性和感性的培养，儿童到了上小学的时候，就已经对学习感到疲惫，接下来的情况也就可想而知了。

近年来，进入青春期后出现各种各样问题的孩子急剧增加。出现这些问题的原因，尽管因人而异，不能一概而论，有的孩子是因天生特性所致，有的孩子是因从小亲子关系畸形而引起的，有些孩子是因为不适应初中学习生活，或因交友不慎所致。人们在培养幼儿期儿童的知性和感性时，很少考虑到上述因素，只有到了孩子出现问题的时候，才去寻找产生问题的背景和原因。

最近在发展心理学和健康心理学上，儿童的“易感性（Susceptibility）”“（心理）弹性（Resilience）”成为人们议论的热门话题。用人体来比喻的话，就如在受到同样的风寒或细菌侵蚀下，有些人会患感冒而有些人则不会，感冒后有些人会很快痊愈而有些人则需要一段时日。在人的心理方面，也存在类似的情况，例如虐待幼儿问题就是这样，相当数量的受虐待的儿童，长大后其负面影响仍难以消除，但近一半或超过三分之二的人可以正常并健康地生活。孩提时的问题之所以一直会带到成年，是因为那个有问题的家庭环境没有改变，幼年的问题经过孩提时期一直持续到青春期之后暴露出来，继而会影响到成年后的健全的生存基础，尤其在人际关系、家庭关系方面受其负面影响更大，一些人甚至在求职中屡遭失败。

在人的成长发育的任何一个阶段，有一个好的条件，尤其是有一个良好的家庭或朋友关系，会让人向健全方向发展。大部分受到轻微程度损伤的人会度过伤痛健康地生活。假如问题依然存在，那么最大的原因往往就是在小时候的家庭关系中，或者与本人的性格等叠加作用而引起的恶性循环。

早期教育本身没有什么太大危害，最多是因为其他方面出现了问题，尤其是在本人性格、父母或家庭关系出现问题时，早期教育以载体的形式将这些问题扩大和蔓延。如果家长还是持有让孩子接受早期教育为好的想法，最好不要强迫孩子必须接受早教，要经常留意孩子的健康状态，提供让他们生机勃勃地生活和游戏的环境和条件，在这样的情况下，每天让孩子接受一点点早期教育，不可能对孩子的身心造成什么消极影响。

但正如以上各章所阐述的那样，即便我们不特意让儿童接受早期教育，儿童也会在正常的日常生活当中，通过玩耍和生活而学到许多东西。如果想培养儿童的语言能力，那最好的方法就是家长和孩子在日常生活中频繁对话、交流，或睡前给孩子读一些图画书等。当然我们也不能对儿童放任不管，而是在留意儿童的生活、学习状况的同时，去满足儿童的需要。

正如上面各章讲到的那样，家庭生活也好，幼儿园教育也好，都或多或少地包含有早期教育的内容，也就是说，在日常生活或幼儿园教育中，儿童通过丰富的环境，其知性和感性都得到了不同程度的发展。尤其生活在当今社会，儿童随时随地都能接触到图画书、玩具、电视，当代儿童几乎不可能离开这样的物质环境而生活，比如儿童即使在草坪上玩耍，或在沙土中游戏，他们或许也都会模仿电视上看到的美少女战士或面包超人的样子。在信息化的社会里，要充分利用这些媒介去促进儿童的成长，同时还必须弄清和确保儿童真正需要什么，所以我们要尽最大努力增强儿童的身心活力，让他们对周围事物保持好奇心，帮助他们去做一些尝试，这就是儿童身边的亲人、物质环境以及媒介、媒体的应有作用。总之，要让儿童置身于一个丰富的文化氛围和环境当中，忽视整体文化环境而只是针对个别的（比如早期教育、绘画书、户外体验等）的效果去评论早期教育都没有任何意义。通过对早期教育的思考，去探求什么对儿童来说是丰富的文化环境问题，也是本书的一个潜在目的。

参考文献

◇〔第一章〕

澤　糸（一九九六）「早期教育とは何か一幼児期における知的教育の分類からの考察」『季刊子ども学』一一，三〇一三四.

無藤　隆（一九九六）「早期教育をめぐって」『季刊子ども学』一一，一八一二一.

高良　聖（編著）（一九九六）『警告！ 早期教育が危ない一臨床現場からの報告』日本評論社。

◇〔第2章〕

無藤　隆（編）（一九九三）『現代発達心理学入門』ミネルヴァ書房。

無藤　隆（一九九四）『赤ん坊から見た世界』講談社現代新書

無藤　隆・久保ゆかり・遠藤利彦（一九九五）『発達心理学』岩波新書。

◇〔第3章〕

Gardner, H. (1983). Frames of mind.Basic Books.

Gardner,H., Torff, B., & Hatch, T. (1996). The age of innocence reconsidered: Preserving the best of the progressive traditions in psychology and education. In D. R. Olson and Torrance, N. (Eds.), The handbook of education and human development: New models of learning, teaching and schooling (pp. 28–55). Blackwell.

◇〔第4章〕

Hunt, J. McV., Mohandessi, K., Ghodssi, M., & Akiyama, M. (1976). The psychological development of orphanage-reared infants: Interventions with outcomes (Teheran). Genetic Psychology Monographs, 94, 177–226.

Tamis-LeMonda, C.S., & Bornstrein, M.H.(1996). Variation in children' s exploratory, nonsymbolic, and symbolic play: An exploratory multidimensional framework. In C. Rovee-Colier, &, L.P., Lipsitt, (Eds.), Advances in infancy research, vol. 10 (pp. 37–78).Ablex.

◇〔第5章〕

砂上史子（一九九六）「早期教育における学習と子どもの発達一公文式教育法の特質から」日本女子大学家政学研究科自動専攻修士論文。

◇〔第6章〕

Muchisky, M., Gershkoff-Stowe, L., & Thelen, E. (1996).The epigenetic landscape revisited: A dynamic interpretation. In C. Rovee-Collier, & Lipsitt, L.P. (Eds.), Advances in infancy research, vol. 10 (pp. 121–159). Ablex.

◇〔第7章〕

Peery, J. C. (1993).Music in early childhood education.In B. Sodek(Ed.),

Handbook of research on the education of young children (pp. 207–224). MacMillan.

◇〔第8章〕

Harley, B., and Wang, W. (1997).The critical period hypothesis: Where are we now? In A.M.B. deGroot, and Kroll, J. F. (Eds.), Tutorials in bilingualism: Psycholinguistic perspectives (pp. 19–51). Lawrence Erlbaum. Lanza, E.(1997). Language mixing in infant bilingualism: A sociallinguistic perspective. Oxford University Press. McLaughlin, B. (1984). Second–language acquisition in childhood: Volume 1. Preschool children, 2nd ed. Lawrence Erlbaum.

◇〔第9章〕

東　洋（編）（一九九五）『幼児期における文字の獲得過程とその環境要因の影響に関する研究』平成四～六年度科学研究費補助金研究成果報告書。

Henphill, L., and Snow, C. (1996). Language and literacy development: Discontinuities and differences. In D. R. Olson, and Torrance, N. (Eds.), The handbook of education and human development (pp. 173–201).Blackwell.

内田伸子（編著）（一九九四）『読む書く話すの発達心理学』放送大学教育振興会。

◇〔第10章〕

吉田甫（一九九一）『子どもはどのように理解しているか一数えることから分数まで』新曜社。

Siegler, R. S. (1998). Children’s thinking, 3rd ed. Prentice Hall.

◇〔第11章〕

秋田喜代美（一九九七）『読書の発達過程—読書に関わる認知的要因・社会的要因の心理学的検討』風間書房。

Sutton-Smith, B. (1996). Toys as culture. Gardner Press.

◇〔第12章〕

Olson, D.R., &Bruner, J.S. (1996).Folk psychology and folk pedagogy.In D.R. Olson, and Torrance, N. (Eds.), The handbook of education and human development: New models of learning, teaching and schooling (pp. 9-27). Blackwell.

“0～6岁儿童养育专家全知道”跋

储朝晖

0～6岁婴幼儿发展是终身发展的基础，早期教育对人的成长发展具有极为关键性的作用，从2010年中国政府开始重视幼儿教育以来，早期教育的重要性也得到更清晰的认识，父母及社会对早期教育的需求日渐增大，期望日益增高，但是目前中国早期教育的专业水平还处在很低的“幼稚”阶段，各地的早教热潮中出现了严重的短期功利取向与混乱现象。

有鉴于此，2012年，本人开始约集包括港台在内的我国早期教育前沿的专业工作者，编写出版“0～6岁儿童养育专家全知道”丛书，试图在满足广大父母和早教专业工作者的巨大需求的同时，为早期教育注入理性精神和科学理念，服务幼年人的健康成长发展。经过三年多的努力，终于与读者见面。

本套书选题的方式是：依据婴幼儿目前早期教育的实际，依据各位专家的专长，确定各位作者的选题，同时考虑整套丛书的系统性，尽可能在不同领域里选择前沿专家。最后在来稿中选定以下五本书：北师大珠海分校胡学亮教授翻译的无藤隆［日］所著的《发现孩子：早期教育释疑》，该书从发展心理学的研究视角，阐明了对早期教育深层次的理解和观点，解答了家长在早期教育中存在的疑惑，对早期教育的定义、教育内容、教育方法、教育时间及场所等都进行了详细论述，指出了早期教育的可能性和存在的问题；张雪门先生的弟子钱玲娟先生花费数十年心血所著的《幼儿玩具玩与学》，该书主要介绍玩具的功能、不同年龄段玩具的选择、玩法以及自制玩具等；医护专家刘燕华所著的《婴幼儿护理与习惯养成》，以全方位、多层次、连续持久的护理观，介绍护理与幼儿习惯养成的理论、方法、技巧；从事学前和心理方面研究的陈辉博士所著的《幼儿行为问题应对》，该书针对年轻父母对幼儿行为的很多困惑，结合案例做心理学方面的分析，最后指出正确的应对方法（指出应对上的误区），解除缺乏专业知识的父母和老师的很多困惑和误区；本套丛书主编储朝晖所著《亲子成长游戏》，依据儿童生理和心理发展的顺序，依据幼儿发展的规律，为父母提供系列的亲子游戏参考方案。整体上形成一个覆盖早期教育从观念到最常用的各方面实际操作的体系，既可以帮助父母和早期教育人士提升学习，又可直接用于实际。

本套丛书旨在传播科学早教理念，提高教师和家庭成员的早教理论水平，普及早教知识，指导早教行为，配合《国家中长期教育改革和发展规划纲要》的贯彻落实，服务于儿童早期身心健全发展。

在写作上严格要求：（1）所写内容要有科学、实证或文献依据，注意抓住问题的关键，关注细节；（2）所写内容要针对早期教育中的实际问题和父母及早教工作者的困惑，既有思想理论，又有实际操作，突出科学和理性精神；（3）尽力探索早期教育的新问题，凸显出新理念，反映同一研究领域的前沿状态。

本书主要读者对象为父母以及早期教育工作者，所以力求通俗，增强可读性。在整体准确把握相应领域前沿理论的基础上，尽量深入浅出，语言简练，避免歧义。并适当配图，以文带图，图文互补，疏密均匀。

十分荣幸的是，著名幼儿教育专家、98岁高龄的北师大教授卢乐山先生为本套丛书写序，并和本人于2014年6月1日儿童节就南开校史及幼儿教育问题谈了一上午，令人终身难忘。

作者团队中最令人崇敬的是97岁的张雪门先生的弟子钱玲娟老师，一生历经磨难却对幼儿教育事业挚爱、追求不止，每次打电话都有说不完的话，到他家中还是讲幼儿教育的问题和解决方法，本套丛书中的《幼儿玩具玩与学》是她与关崇峻（原外交部幼儿园园长）等众多人几十年积累的心血，代表了这一领域中国现有的研究水平。无藤隆［日］先生是东京大学教育学博士，主攻发展心理学、儿童教育学，历任大学教授、小学校长，有专著30余本，译者胡学亮教授曾在日本任教8年后回北师大珠海分校任教。刘燕华女士是原北京军区某后勤部正团职护士长，对护理方面十分专业，所选的幼儿护理与习惯养成的角度又很独特。陈辉是北京师范大学学前教育专业博士，中国社会科学院心理学专业博士后，又有孩子心理问题解决方面的实践经验。这样的团队保证了这套丛书的品质。

在本套丛书的设计和写作过程中，南京师范大学出版社徐蕾副总编、张椿女士给予了大力支持。北京理工大学出版社杨海莲、魏诺、洪晓英在本书出版过程中付出大量的辛勤劳动，一并致谢。

本套丛书依然会有意想不到的缺陷，各位读者有何意见，请直接发至本人邮箱：chu.zhaohui@163.com，先在此致以诚挚感谢！